Volume 3

Mulheres Restaurando Mulheres

AINDA HÁ TEMPO PARA RECOMEÇAR

EDITORA
CHAVE MESTRA®

Direção editorial: Raquel Medeiros
Coordenação de revisão: Híllona Anjos
Revisão: Híllona Anjos
Assistente editorial: Amanda Oliveira
Diagramação: Daniel Marchesani
Branding de capa: Izzo Medeiros

O conteúdo desta obra é de total responsabilidade dos autores e não reflete necessariamente a opinião da editora.

Dados Internacionais de Catalogação na Publicação (CIP)

Vale, Rogério (Organizador)
V149 Mulheres restaurando mulheres - volume 3: ainda há tempo para recomeçar / Rogério Vale (Org) – Barueri, SP: Chave Mestra Editora, 2024.
256 p.: 16 x 23 cm

ISBN 978-65-84979-91-8

1. Desenvolvimento pessoal 2. Espiritualidade 3. Vida Cristã 4. Prosperidade. 5. Inteligência espiritual 6. Fé I. Título.

CDD 158.1

EDITORA
CHAVE MESTRA®

Sumário

Prefácio

Diante das perdas, das lutas, dos problemas, quando o inesperado acontece e nos enxergamos em meio a um cenário de caos, o que fazer? Se assentar e lamentar ou se levantar e RECOMEÇAR? Temos uma escolha a fazer.

Esse livro é sobre essa importante decisão! Nele constatamos que, de fato, não podemos alterar nosso passado, mas podemos redefinir nosso futuro através de nossas escolhas.

A Bíblia já nos revela que o RECOMEÇO não é uma possibilidade remota, mas sim assertiva!

"Não vos lembreis das coisas passadas, nem considereis as antigas. Eis que faço uma coisa nova, agora sairá à luz; porventura não a percebeis? Eis que porei um caminho no deserto e rios no ermo." Isaias 43:18-19

A escrita deste prefácio significa muito mais que apresentar o presente livro, é na verdade uma elevada honra poder participar desse sublime projeto que de forma esplêndida, sob a liderança da Pastora Luciana Oliveira, tem restaurado centenas de mulheres.

Tive o prazer de conhecer a Pastora Luciana em 2020 e me tornar sua amiga pessoal, e desde o primeiro encontro eu pude atestar que estava diante de uma mulher *incomum*, que foi chamada para *"DESTRAVAR DESTINOS* de outras pessoas. Pastora Luciana é uma mulher compromissada com sua família, com sua igreja, que ao lado do seu esposo Pr. Wagner Oliveira executam a liderança com eficácia e excelência, assim como sua maestria em seu projeto *"Restaurando Mulheres"*, que tem fluído de forma grandiosa, e que de encontros com mulheres locais, se expandiu para encontrar mulheres nacionais e internacionais. Somente uma mulher que vive e se move na presença do Deus da revelação poderia idealizar e conduzir com tamanha virtuosidade esse projeto Mulheres Restaurando Mulheres.

Já disseram que uma mulher com experiências nunca fica à mercê de uma mulher com argumentos. Nessa 3ª edição do *Mulheres Restaurando Mulheres,* seremos abastecidos e enriquecidos com histórias e experiências de mulheres que compartilham suas jornadas de dores e superações, que em meio às crises, adversidades e ruínas da vida compreenderam o valor da reconstrução. Mulheres que até viviam livres no espírito, mas aprisionadas de alma, e que pelo poder do Evangelho e da determinação alcançaram a liberdade no *interno*, alteraram o *externo* e hoje vivem o *eterno*.

Essa leitura nos dá chaves fundamentais de como é possível se comprometer com a arte do recomeçar após o caos e viver o propósito sublime, com a motivação certa e com uma entrega sem limites. Se você quer que sua vida seja transicionada para um novo nível, esse livro será um catalisador maravilhoso para você, um grande recurso para promover maturidade e crescimento. Com certeza é livro para ler e reler.

Boa Leitura!

Jhenifeer Suave Vitorino dos Santos

Alana Galhardo

Sou Alana Galhardo, tenho 34 anos, sou filha da dona Lena, casada com o Flávio, o amor da minha vida, e mãe dos preciosos Davi e Samuel.

Sou formada em Administração e pós-graduada em Comunicação, eu e meu esposo temos uma empresa, na qual eu atuo na comunicação digital.

Em São Paulo, fui coordenadora do Ministério de Ação Social na Igreja Verdade e Vida ao lado do meu esposo, onde um dos projetos que realizamos foi o ensino da língua portuguesa para imigrantes e refugiados, dando a eles oportunidade de aprender o idioma, podendo comunicar-se e viver com dignidade em nosso país.

Atualmente, sirvo na igreja local Comunidade Cristã Verdade e Vida. Tenho estado em função do Reino, aconselhando mulheres em seus casamentos e na maternidade.

Seja o que for que Deus estiver fazendo na face da terra, só peço para que Ele não me deixe de fora!

eualana.galhardo

alanas.galhardo@gmail.com

Alana Galhardo

NÃO NEGLIGENCIE A SUA HISTÓRIA E TUDO QUE VOCÊ VIVEU! 01

Por Alana Galhardo

Nasci no Rio de Janeiro, em uma família disfuncional, minha mãe negra, nordestina, veio da Paraíba para o Rio com 14 anos; sozinha, sem saber ler, para trabalhar como doméstica.

Após alguns anos no Rio, ela conheceu meu pai e se apaixonou! Eles foram morar juntos e minha mãe engravidou da minha irmã mais velha Michelle, durante a gestação aquele homem encantador se transformou em um mostro. Ele começou a beber, ficou desempregado e começou a desgraça dentro de casa. Sem instrução, família e documentos, ela não tinha para onde ir e permaneceu naquela situação. Minha irmã nasceu, após dois anos eu nasci e cinco anos depois veio o meu irmão Anderson.

Morávamos na casa da minha avó paterna Nelly, e desde que eu tenho entendimento, minhas lembranças em relação ao meu pai são terríveis, eu não me recordo de nenhum momento feliz de pai e filhos, pelo contrário, só existia medo. O homem que deveria nos proteger e cuidar, era o mesmo que nos causava pavor. Meu pai chegava em casa totalmente bêbado e drogado, além do vício em bebida ele também era viciado em cocaína, e quando ele chegava, vinha junto a destruição! Ele quebrava tudo dentro de casa, eram vidros espalhados, ele batia na minha mãe e na minha avó, tinha alucinações; era assustador, aquele ambiente cheio de destruição.

Eu tenho lembranças dele causando diversas agressões a minha mãe, enquanto eu, com medo e sem entender, com apenas 7 anos, orava e pedia a Deus para que o pior não acontecesse. Então, ao saber que ele estava bebendo, nos antecipávamos e fugíamos de casa. Arrumávamos algumas coisas e saíamos sem rumo, muitas vezes dormíamos na casa de parentes, mas algumas outras pessoas já não tínhamos coragem de incomodar, dormíamos na rua, no frio e com fome. Isso se repetia semana após semana.

Além de toda destruição que vivíamos nesse ambiente, ainda tínhamos a dificuldade financeira, minha mãe nos sustentava com recursos de faxinas e o ofício de manicure. Por muitas noites, fui dormir com a barriga doendo de fome, mas na manhã seguinte o Senhor providenciava uma cesta básica, uma cliente. Quando completei 10 anos, tivemos que nos mudar, mas o meu pai não foi, ele teve problemas por causa dos vícios e teve que fugir; nos mudamos e foi um novo tempo, sem brigas e fugas. Um tempo em que, enfim, pudemos desfrutar a paz, sermos crianças.

Passados os anos, chegou a adolescência e o peso dos decretos que haviam sido proferidos sobre a minha vida. Após aproximadamente 4 anos que meu pai ficou afastado, ele acabou indo morar na rua, então minha avó o trouxe de volta. Ele voltou o mesmo, mas eu não era mais uma menina acuada, pelo contrário, eu era uma adolescente que o odiava. Quando ele bebia, eu o enfrentava e não deixava mais que ele agredisse ninguém.

Com 15 anos de idade comecei a trabalhar, a beber, fumar cigarro, cheguei a fumar maconha e vivia em bailes *funk* até de manhã. Chegava em casa extremamente bêbada, caía pela rua, vivia em um lamaçal de vergonha, humilhada e perdida! A ausência paterna causou muitos traumas, me tornei agressiva e insegura. Embora ainda haja carência de estudos sobre como a influência de um pai pode ter impacto na saúde mental de um filho, é possível encontrar pesquisas que identificam essas implicações negativas, e eu fui fruto dessas consequências, além do uso do álcool e fumo, também me envolvi em relacionamentos abusivos. Eu tinha uma vida sentimental devastada. As circunstâncias faziam questão de me mostrar que eu nunca poderia sonhar com uma família.

Em 2010, eu trabalhava em uma empresa e fui direcionada para cobrir férias em uma multinacional. Eu estava focada em trabalhar, havia voltado a sonhar com os estudos e com um futuro melhor. Um dia, ao sair para almoçar, no pátio, vi o homem mais lindo que eu já havia visto em toda a minha vida. Então passei por ele e o cumprimentei, educadamente, e ele me respondeu. Após passar, eu não resisti e olhei para trás, afinal, podia ser a primeira e a última vez que eu o veria na vida e para a minha surpresa ele também olhou e nossos olhares se cruzaram! Foi o bastante para eu passar o almoço inteiro pensando naquele olhar! Depois fomos apresentados, Flávio Galhardo! Mas o tempo determinado para eu estar na empresa findou e eu tive que ir embora. Achei que nunca mais o veria novamente! Porém, como havia exercido um bom trabalho, recebi uma proposta para retornar, em um novo setor, o mesmo que Flávio. Minha mesa era de frente para a dele e eu tentava passar o dia não o admirando.

Começamos a ser amigos, descobrimos que morávamos próximos e ele um dia me ofereceu carona, eu sempre mantinha uma certa distância e ele sempre muito educado e respeitoso, até que um dia ele me convidou para tomar um suco, depois fomos dar uma volta na praia e lá aconteceu o nosso primeiro beijo, em frente ao mar, debaixo do céu estrelado! Parecia que eu estava vivendo um sonho, mas a realidade era que eu havia saído de um relacionamento abusivo, ele havia saído de um relacionamento longo, nós não queríamos nos magoar e decidimos ir nos conhecendo.

Em 2012 começamos a namorar, ele foi promovido e transferido para o Pará, a distância foi um desafio. Em 21/12/2013, ele me pediu em casamento e nesse período, acabou ficando com muitas dificuldades financeiras e ficou à beira de uma depressão. Eu não aguentava mais a distância e vê-lo naquele estado, orava a Deus por direção, até que um dia, o Espírito Santo abriu os meus olhos para uma igreja, a PIB, então decidi ir ao culto. No final, o pastor veio falar comigo e disse que domingo seria a sua despedida, que ficaria feliz se eu fosse. Como havia dado a minha palavra, eu retornei e foi a melhor coisa que fiz na minha vida.

Em poucos meses, Flávio foi promovido novamente e retornou para o Rio, ele começou a ir à igreja comigo, aceitamos Jesus no mesmo dia! Foi emocionante!! Entender o sacrifício que Jesus fez na cruz por mim, reconhecê-lo como meu Salvador e quando abri meus olhos, Flávio estava com a mão levantada e rendido ao Senhor, fomos resgatados e lavados pelo sangue do Cordeiro. Assim que eu aceitei Jesus, o perdão entrou no meu coração, da mesma forma eu que entendi que através de Cristo eu fui perdoada, também entendi que devia perdoar e perdoei o meu pai verdadeiramente.

Em janeiro de 2015 nos casamos, Deus proveu tudo, muito melhor do que sonhei e em 21/06/2015 descemos às águas. Em junho de 2017, Flávio foi demitido, então fomos para a Irlanda, o nosso *Selah* (pausa). Nós costumamos dizer que Deus queria falar conosco, mas no Brasil estava barulhento demais, então Ele nos levou para lá, distante de tudo e de todos! Foi doloroso e extremamente necessário para formar quem nós somos hoje!

O relacionamento paterno que eu tive me fez ser independente demais, dura demais e eu não entendia o que era submissão, que eu precisava me submeter à autoridade sacerdotal do meu esposo, ele por sua vez também não entendia seus deveres como sacerdote, mas lá o Senhor nos ensinou.

Em 2018, Ele nos trouxe de volta, nos enviando para São Paulo. Em março de 2019, engravidei do nosso primogênito, Davi (o amado) , o maior sonho da minha vida estava acontecendo. Na igreja que congregamos, Verdade e Vida, teve um culto profético e ao final, o profeta me ungiu e ungiu minha barriga, nesta hora ouvi a voz de Deus: "Olha para o lado", e lá estava meu esposo, então Deus continuou: "seu filho não terá um pai como você teve, ele terá um pai de verdade!"

Em novembro de 2019, nosso primogênito nasceu, um dos dias mais felizes de toda a minha vida. Após quatro meses do nascimento dele, teve início a pandemia, e apesar do alinhamento que tivemos na Irlanda, ainda existiam algumas feridas emocionais. Durante esse período, houve um desgaste que nos levou a uma crise, quase nos separamos, mas com o amor de Deus conseguimos superar e perdoar atitudes que tivemos no início do nosso casamento, que ainda nos assombravam.

Aqui eu gostaria de honrar pessoas que foram usadas por Deus, nossos compadres Victor e Carol Emmerick, nossas amigas Adriana e Giovana, que nos suportaram em oração e conselhos. Nosso amor foi renovado e com ele o desejo de aumentar a nossa família. Acredito que na mesma noite que Deus nos ouviu falar do bebê, Ele nos abençoou, pois na mesma semana Ele me falou que eu estava grávida; eu fiz o teste e lá estava a confirmação, nosso caçula estava sendo gerado, nosso Samuel (Deus ouve)! Em janeiro de 2022 ele nasceu e encheu a nossa casa de ainda mais alegria!

Nós suportamos! Nosso amor se fortaleceu, frutificou e hoje temos a nossa família que têm sido referência para outras. "*A posteridade deles será conhecida entre as nações, os seus descendentes, no meio dos povos, todos que o virem o reconhecerão que eles são família bendita do Senhor*". Isaías 61:9

O Salmos 40 diz: "*Esperei com paciência pelo Senhor, Ele se inclinou para mim e ouviu quando clamei por socorro. Tirou-me de um poço de perdição, de um atoleiro de lama, colocou os meus pés, sobre uma rocha e firmou os meus passos*". Quando eu estava apavorada no quarto, com medo, quando eu chorava copiosamente com um enorme vazio na alma, Ele ouviu o meu clamor.

Deus continua escolhendo seus improváveis, do seu jeito peculiar. Eu era uma adolescente sem futuro e me tornei uma esposa e mãe referência para todos aqueles que me cercam, porque não é sobre nós, mas sobre o que Ele pode e deseja fazer através da sua vida.

Acredite, você pode não saber para onde está indo, mas Deus sabe para onde está te levando! Por isso, não negligencie a sua história e tudo que você viveu, porque a área da tua vida que Satanás jurou que seria a sua morte, é justamente a área que Deus vai te usar.

Hoje eu sou uma mulher restaurada, Jesus curou a minha alma, tenho um relacionamento de empatia com o meu pai, um casamento abençoado cheio de amor e da presença de Deus, meu esposo é um pai excepcional! Verdadeiramente tenho uma família bendita, nossos filhos preciosos e a promessa da nossa Elisa.

Não importa o que você sofreu, não importa o que os outros disseram ao teu respeito, você é escolhida por DEUS, EM JESUS, ELE ESCOLHEU VOCÊ!

> “Deus continua escolhendo seus improváveis, do seu jeito peculiar.
>
> Alana Galhardo

Aline Braun

Sou filha amada, esposa e mãe de quatro filhos, firmada nos princípios cristãos, uma leoa quando se trata de defender minha família, gaúcha, escritora, palestrante, mentora de mulheres e vendedora de milhões.

Fui desejada pelos meus pais, porém, bem cedo precisei ficar longe da minha mãe, para que ela trabalhasse, presenciei episódios traumáticos no lar e até à adolescência auxiliei nos cuidados com os meus irmãos. Aos 19 anos, tive o meu próprio filho, o Felipe, e ele é o personagem principal aqui.

Apesar de desafiador, precisei ter resiliência, me firmar na fé, encontrar forças e ter muita coragem para desbravar essa trajetória chamada vida.

alinerbraun

arbraun2@gmail.com.br

+55 (48) 99653 6512

GOVERNANDO EM MEIO À DOR

02

Por Aline Braun

Felipe, o escolhido

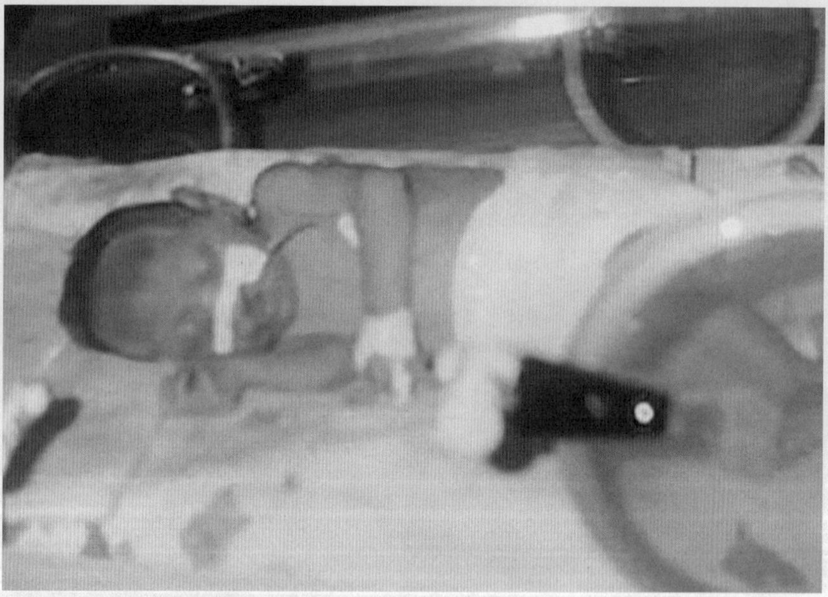

Em uma consulta de rotina aos seis meses e meio, o médico percebeu que o bebê não estava crescendo, o líquido amniótico estava diminuindo cada vez mais e ele corria risco de vida. Ali iniciou uma fase muito difícil, pois fui induzida ao parto natural, fiquei cerca de 10h nesta tentativa frustrada. Como o quadro estava piorando, fizeram a cesariana, ele nasceu, não chorou e começou uma grande movimentação dentro da sala de parto, ao que perguntei o motivo e me responderam que ele nasceu com 980g e com más formações em seu rostinho. Ao vê-lo, foi tão impactante que eu desmaiei, acordando somente na sala de recuperação.

Desse momento em diante, eu não perguntei mais sobre o meu filho, simplesmente bloqueei aquele momento como se não tivesse acontecido. Eu fiquei sozinha em um quarto com grades nas janelas, uma psicóloga foi falar comigo e eu a questionei se ela estava achando que eu ia me jogar dali ou se eu estaria louca. No segundo dia ainda, toda minha família foi me visitar e eu não quis ver ninguém.

No quarto dia, ganhei alta e a única coisa que eu queria era ir para casa, eu não falava na criança, eu não queria saber se estava vivo ou morto. Arrumei minhas coisas e naquele momento meu marido me confrontou. Ele me disse: "- Aline, tudo bem, nós vamos embora, você ganhou alta, mas você não pergunta sobre o Felipe, não quer saber o que aconteceu com ele?"

Foi então que eu perguntei e ele me respondeu que os médicos não deram uma hora de vida, porém, ele estava vivo há quatro dias na UTI. Ele afirmou que Felipe ainda estava ali porque precisava de mim, não era possível que eu iria abandoná-lo. Era aquilo que eu precisava ouvir, uma chamada para a realidade, porque eu tinha me bloqueado. Quando ele falou isso, eu disse que queria ir ver ele. Nas incubadoras ele era o menorzinho, com uma cor arroxeada, por ser prematuro.

Olhei de longe, ele estava de costas, fui direto na frente para ver o rostinho, novamente desmaiei. Ao me recuperar, fui observando cada detalhezinho dele. Eu fui aos poucos observando-o e quando coloquei a minha mão na mãozinha dele, ele mexeu e segurou o meu dedo. Foi uma conexão muito grande, pois quando ele pegou o meu dedo, a situação se reverteu ao ponto que eu não querer mais sair do hospital, não queria ir embora, eu não queria ganhar alta.

Nos primeiros dias, meu marido me levava até ao hospital, eu passava o dia inteiro lá e ia embora à noite, quando ele ou o meu sogro me buscavam. Fiquei cinco meses no percurso de 30 km até o hospital, de carro ou de ônibus. Saía muito cedo e voltava muito tarde. Governei mais uma vez em meio a tanta dor. Muitas crianças se foram próximas de mim e meu filho com todas as deficiências, com apenas um lado do cérebro, cego, sua face deformada, várias outras condições de mal funcionamento do seu organismo, mas estava ali.

No início não foi assim, mas depois eu queria mostrar para todo mundo que eu o amava, amava mais que tudo, independente da condição.

Eu fui entender, com o passar do tempo, que era uma doença raríssima. Eu era uma mãe em 1 milhão que tinha um filho assim, os médicos não sabiam explicar o porquê, mas Felipe estava vivo. Com três meses na UTI Neonatal ele foi para casa, compramos os aparelhos e os médicos deram alta a ele para satisfazer o meu desejo. Chegamos em casa às 20h e naquela primeira e única noite, não dormimos, pois ele começou com uma febre muito alta, passamos a madrugada inteira tentando baixar, mas às 6h da manhã ele estava de volta ao hospital.

Ao voltar para o hospital, ele permaneceu mais dois meses ali. Eu fiz uma festa de Páscoa para ele e para as crianças que estavam no quarto, montei toda a decoração, coloquei balões, fiz cartazes, levei chocolate, enfim, fiz um movimento que ninguém tinha feito. Um dia depois da Páscoa, ele começou a ficar muito inchado, os médicos começaram a se preocupar, fizeram exames e constataram que ele estava com uma infecção generalizada.

O médico me falou que não teria volta daquela infecção por ele ter muitas más formações, eles estavam tentando combater, mas não cedia e eu já sabia que era hora dele ir. Ele já tinha cumprido a missão. Meu coração tinha entendido que, de alguma maneira, Deus iria levar ele, ficamos ali acompanhando e ele foi piorando. Nesses últimos dias, eu não ia para casa, eu ficava a noite lá, não dormia, não comia, não queria ir embora, pois o meu medo era ir para casa e nesse meio tempo ele partir.

Ele estava muito mal, eu estava muito mal, minha família preocupada comigo que não saía do hospital, me convenceram a ir para casa. Eu fui e até hoje não sei se me deram remédio para eu dormir ou se foi o cansaço muito grande, mas eu acabei dormindo. Quando acordei de madrugada assustadíssima, já fui botando a roupa e dizendo que se meu marido não fosse me levar, eu iria para o hospital sozinha, pois eu já dirija.

Ele veio comigo, chegamos no hospital por volta de 5h da manhã e eu já sabia que ele estava nos últimos momentos, já respirava muito fraco, a cada 10 segundos. Dessa forma eu ficava ali contando os segundos da respiração dele. Amanheceu e eu não aguentava mais o sofrimento, eu não aguentava mais ver ele fazendo tanta força para respirar, aquilo estava acabando comigo, mas ao mesmo tempo que eu queria que ele partisse, eu não queria.

De certa forma, eu comecei a entender que eu estava segurando-o, foi então que chamei meu marido e da minha forma, eu me conectava com Deus, pedi para darmos as mãos e rezar, pegamos naquela mãozinha pequenina formando um trio e eu disse para ele ir, que ele tinha ficado o tempo que ele precisava ficar nessa terra, que ele tinha cumprido a missão dele, que eu precisava que ele partisse, porque eu não aguentava mais ver ele sofrer, que eu ia amá-lo para sempre, mas que não dava mais para ele ficar tentando permanecer nesse mundo... já tinha dado o tempo dele aqui, que ele fosse tranquilo, que a mãe dele estava liberando-o.

Eu terminei de rezar/orar e dei um beijinho nele, ele respirou e eu fiquei contando aqueles dez segundos como sempre, pois os médicos pediam para a gente cuidar para ver se ele estava respirando, mas aquela foi a última vez que ele puxou o ar. Eu comecei a contar, passou 10, 15 segundos e ele não respirou mais. Ele partiu e é óbvio que foi horrível, eu já sabia que ia acontecer, mas quando eu vi que ele realmente não respirou, chamei as enfermeiras e elas constataram que ele tinha partido.

Ainda me recordo o lençol branco sendo colocado em cima dele, nós sendo retirados dali, as rodinhas da maca deslizando para longe, foi muito horrível, eu só não consegui vestir ele, mas já tinha a roupa certa.

Quantos pontos de interrogação na cabeça de uma jovem garota, o porquê de tudo aquilo. Sua vida que estava indo de uma forma ou de outra em tranquilidade, de repente não conseguir nem desfrutar da maternidade, devido à doença rara que atingiu em cheio o seu amado filho. Onde encontrar forças para prosseguir? Como continuar a jornada?

Talvez você seja a mãe rara como eu, Felipe veio para acelerar o meu desenvolvimento como pessoa na terra, eu vivi 5 meses que mães não vivem uma vida inteira. Eu conheci cada detalhe do meu filho, eu senti cada respiração, eu observei cada movimento dele. O meu toque o fez lutar pela vida.

Hoje sou eu que te confronto sobre qual deformação você pensa ter, que te deixa na condição indigna de ser filha de Deus? Por que você que tem um filho(a) saudável está emitindo palavras de mal? Por que não está tocando no seu filho(a)?

Se eu vivi os intensos 5 meses com Felipe, foi para aprender ser mãe e hoje eu digo com todas as letras que meus filhos não me dão trabalho, meus filhos são benção do Senhor, meus maiores tesouros. Acorde, mãe! Acorde, pai! Veja a perfeição do seu filho! Ame mais, cuide mais, se importe mais, não perca esse tempo valioso!

Se eu consegui recomeçar a minha vida, foi porque eu ouvi cada batida do coração do meu filho, eu senti e contei cada segundo das suas últimas respirações. Não despreze os momentos, não despreze a jornada da vida.

Sou grata por esse aprendizado, por ter passado esse tempo com Felipe, hoje, na certeza do reencontro na eternidade onde não haverá dor, nem deformidade. Eu precisei passar por vários desafios para entender que fui escolhida para viver essa história.

"*Pois, muitos são chamados, mas poucos são escolhidos*". Mateus 22:14.

"
Os
ESCOLHIDOS
NÃO TÊM
ESCOLHA!
Aline Braun

BÍBLIA
DE ESTUDO
JOYCE MEYER

Amanda Oliveiro

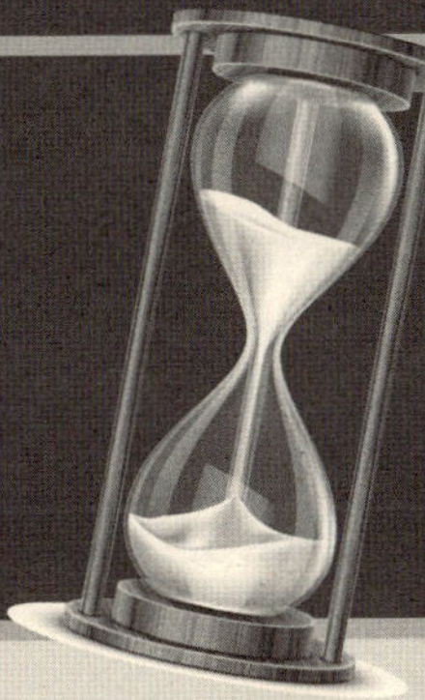

Sou Amanda Oliveiro, natural do Rio de Janeiro, resido atualmente no Rio de Janeiro juntamente com o meu primeiro ministério, minha família: meu esposo Marcelo Queiroz, somos casados há 8 anos, e a nossa florzinha Bettina. Filha de José Oliveiro e Maria de Fátima, meus pais amados, que com muito trabalho, decisão e garra criaram dois filhos, eu e meu grande e amado irmão Willian Barbosa.

Sou proprietária das empresas MA Engenharia e BMA Serviços, onde atuamos nos segmentos do petróleo e gás, com ênfase nas áreas de aviação e ambiental.

Sou *master coach* (Febracis), analista comportamental, graduada em Administração e cursando mestrado em Teologia - Florida Christian University. Também sou o que mais amo exercer: pastora. Um chamado que nasceu no coração de Deus.

Um filme, uma trajetória tem um início, vem comigo que irei te contar a minha história...

amandaoliveiroo

agendaamandaoliveiro@gmail.com

+55 (21) 98899-8825

UMA ÚNICA DECISÃO MUDA DECRETOS

03

Por Amanda Oliveiro

Já quero te pedir uma coisa: não leia de qualquer jeito esse capítulo. Vamos juntas, irei te contar um pouquinho da minha história! Nasci numa família que não era cristã, onde meus pais chegaram no Rio de Janeiro por volta de 1988. Logo ao chegarem na tão sonhada cidade para passear, minha mãe recebeu a notícia que sua mãe havia falecido, logo, ela não tinha condições financeiras para voltar e se despedir da mesma.

Os meses foram passando e minha mãe teve um sonho, ela conta que Jesus lhe apareceu e disse: "É uma linda menina". Após dias morando de favor na casa de familiares, ela descobriu que estava grávida. No primeiro momento, ficou sem entender, pois ainda estava vivendo o luto do falecimento da sua mãe e vozes familiares falavam: "Tire essa criança". Mesmo sem entender todo o cenário, minha mãe DECIDIU permanecer com a gravidez e teve todo o apoio do meu pai, seu esposo.

Nesse momento já quero liberar uma palavra sobre a sua vida:

As CIRCUNSTÂNCIAS não definem as promessas que Deus tem para sua vida e família, DECIDA hoje mudar, mesmo que para isso vá contra a diversas vozes. DECIDA escutar o som que vem do Céu.

A menina do sonho estava sendo gerada em meio a dores, mas com muito amor dos seus pais e principalmente o cuidado do próprio Deus. Foi Ele que me escolheu, foi Ele que te escolheu! Os meus pais foram morar na sua casa própria, conseguiram seus devidos empregos e a Amanda nasceu com muita saúde. A menina linda começou a crescer, estudar, ter amigos, sonhar e planejar em ter uma vida normal, mas para ela **não** seria normal, pois os pais são inspiração para filhos. Quero te deixar uma reflexão: se você é mãe, pai ou pretende ter filhos, tenha consciência de qual legado deixará e qual inspiração você tem sido para eles.

Na adolescência, conheci um jovem por quem me apaixonei e noivei,mas naquele momento vi meu mundo desabando. Após quase 10 anos, esse relacionamento terminou e aí foi o ápice para o meu mundo acabar. Mesmo não sendo cristã, não conhecendo princípios, tinha um temor por Deus, mas não sabia o motivo, hoje entendo que era a mão poderosa do Senhor sempre me guiando.

Eu passei meses com a convicção que não nasci para ser feliz, questionando a Deus o motivo daquilo estar acontecendo comigo, por qual motivo, logo comigo, se sempre fui uma menina tão legal com as pessoas, ajudava a todos que estavam à minha volta, não fazia mal a ninguém. Foi aí que o meu emocional foi ladeira abaixo.

Não sei se hoje você está passando por alguma dor sentimental, mas certamente ao seu redor tem alguém que esteja passando por esse problema, por favor, vá até essa pessoa ou se for você mesma, olhe agora para um espelho e diga:

DEUS NÃO PERDEU O CONTROLE DA SUA VIDA SENTIMENTAL!

Sempre fui uma menina que respeitava os pais, não saía de casa, imagina comigo, uma jovem de aproximadamente 20 anos, "de boa", não sabia o que era uma boate, uma festa, uma bebida alcoólica, até que tudo virou de cabeça para baixo. Isso mesmo...

Nessa decepção sentimental, afloraram sentimentos como: "Eu não sou capaz de ter uma família", "Eu sou uma péssima filha", "Eu não sou inteligente", "Só posso ter trabalhos medianos". Eu, na época, trabalhava como operadora de telemarketing e tinha certeza que não iria conseguir. Meus dias eram resumidos em festas, boates, bebidas, relacionamentos tóxicos, com homens, amigas, que falsamente me levavam para cima, mas estavam me arrastando para baixo.

Até que um dia, lembro-me como se fosse agora, recebi um convite da minha cunhada, dizendo o seguinte: "Cunha, quer ir ao encontro de mulheres da minha igreja?", eu respondi: "Ah, vou ver!", mas no fundo, não queria ir para essa história de igreja. Na semana do encontro, estava dirigindo na linha amarela no Rio de Janeiro e quase bati no carro, pois comecei a chorar compulsivamente por todas as dores que meu corpo e alma estavam sentindo. Eu não aguentava mais sair, me divertir momentaneamente e voltar com um vazio fora do comum e esse buraco só aumentava, mas eu não entendia: "Por que logo eu?".

Mas Deus já tem contados todos os dias das nossas vidas: *"Antes mesmo de te formar no ventre materno, Eu te escolhi; antes que viesses ao mundo, Eu te separei e te designei para a missão de profeta para as nações!"* Jr 1:5. Naquela semana do encontro de mulheres, eu DECIDI mudar os decretos que tinham sobre a minha vida, mesmo sem saber o que ia acontecer. Fui até minha cunhada e pedi a vaga do encontro, mas para minha supresa havia terminado todas as vagas. Fiquei triste e pensei não era para mim mesmo, Deus me esqueceu.

Mas eu não contava que o DE REPENTE de Deus estava chegando (risos). Minha cunhada, me ligou pela manhã, no dia que seria a saída do encontro e disse: "Cunha, teve uma desistência, tem uma vaga sobrando, você quer ir, eu imediatamente disse: "SIM!", com a minha alma! Cheguei correndo do trabalho, preparei uma malinha, pois são 3 dias num sítio, mergulhados na palavra de Deus. Quer saber mais? EXPERIMENTA!

Uaauu! Foram os 3 melhores dias da minha vida! E até então, eu não sabia que o melhor ainda estava por vir. Naquele encontro, tomei a minha melhor e única DECISÃO: aceitar a Jesus como meu único e suficiente Salvador, mesmo sem saber o que seria isso ou o que iria acontecer, mas com a certeza que iria acontecer algo incrível, pois se aqueles dias já tinham sido extraordinários e um divisor de águas, imagina ter um relacionamento diário com o Espírito Santo.

Chegamos na igreja, foi uma festa linda de recepção, mas uma carta marcou minha vida, a carta da minha melhor amiga Anny Carolinny, pois ela era a amiga de escola que era cristã e nunca desistiu de mim, mesmo não tendo os mesmos princípios, ela me amou, como Deus nos ama, SEM RÓTULOS. Eu não sei o que você viveu até agora lendo esse livro, mas quero te lembrar:

VOCE NÃO É DEFINIDA POR RÓTULOS! VOCÊ TEM IDENTIDADE DE FILHA AMADA! JESUS TE AMA!

Voltando para casa, eu só pensava: E agora? Mas DECIDI novamente: "Irei para igreja todos os dias!" E foi exatamente o que eu fiz, em todas as programações estava eu dentro da igreja, até no coral eu cantei (risos). Meu ciclo de "amigos" me chamava de doida, muitos de afastaram de mim, pois eu só queria ficar na igreja e aquilo me gerava dores, pois eu estava vivendo uma coisa tão boa, mas porque todos os meus amigos estavam se afastando? Na hora não entendi, mas decidi diariamente viver outra vida.

Os meses foram passando, eu me batizei, comecei a aprender o que era oração, jejum, com minhas amigas da igreja e líderes. Servia nos ministérios, até que um belo dia, servindo na igreja à noite - pois todas as sextas-feiras eu ia entregar quentinhas na rua para levar o amor de Jesus e comida - o amor da minha vida entrou na igreja, todo lindão, com um capacete no braço, mochila nas costas e começou a falar com as pessoas, até que chegou em mim para me cumprimentar. Confesso que meu coração acelerou, mas eu não entendi, pois estava de jejum e estava decida a não me relacionar por me relacionar, não queria mais um relacionamento, queria o relacionamento com autorização de Deus. Estava esperando no Senhor.

A palavra de Deus diz que o choro pode durar uma noite e no início desse capítulo eu te contei que doeu muito minha área sentimental, mas o amanhecer estava clareando na minha história e eu quero profetizar sobre a sua vida sentimental:

O AMANHECER DE DEUS ESTÁ CHEGANDO. NÃO HAVERÁ MAIS NOITE.

Até que aquele homem chamado Marcelo Queiroz, que havia entrado na igreja à noite, me enviou uma mensagem no Facebook dizendo: "Nunca te vi na igreja, mas minha irmã te conhece. Pode me passar seu número de WhatsApp?" Após esse dia, nos encontramos pessoalmente pela primeira vez e a minha fala foi: "Se não for para casar, eu nem quero continuar a conversa", e ele me respondeu: "Se for para casar e não ter filhos, eu não quero". E naquele dia, DEUS começou a reescrever minha história na área sentimental.

Eu tinha certeza de que eu não teria o meu maior sonho realizado, ter uma familia e ser feliz, mas Deus já tinha DECRETOS a meu respeito, pois foi ele quem me criou, e mesmo o início do meu nascimento sendo um caos, os planos, projetos e pensamentos de Deus ao meu respeito eram de paz e de me fazer prosperar em todas as áreas da minha vida. E para você não é diferente.

Com isso, me casei em 7 meses com o homem que eu orei por cada característica, mas principalmente um homem que amasse a Deus acima de qualquer coisa, pois sabia a importância da presença do Espirito Santo.

A nossa florzinha nasceu após 1 ano e meio de casados para concluir os maiores sonhos que nós, como casal, tínhamos desde novos, mas que o diabo tentou frustar por inúmeras vezes.

Se eu soubesse como seria o final, eu decidiria tudo novamente, mas como Deus é especialista em saber que eu e você não aguentaríamos, ele nunca nos contará tudo, mas ele garante estar ao nosso lado todos dias ou melhor, todos os segundos das nossas vidas.

Então, para terminar, fica meu conselho para você nesse dia: DECIDA hoje a mudar a trajetória da sua vida, família, estudos, sua vida é sistêmica, onde existem diversos pilares. Com isso, não tem como viver uma plenitude que o Senhor nos garante, se você está com alguma área "defeituosa", decida refletir, mas antes disso, você precisa ACEITAR A JESUS, faça isso agora, pois sem Jesus tudo por "melhor" que esteja tem prazo de validade, mas com Jesus, nós garantimos e acessamos a vida eterna.

A rota dos seus DECRETOS foi alterada com sucesso.

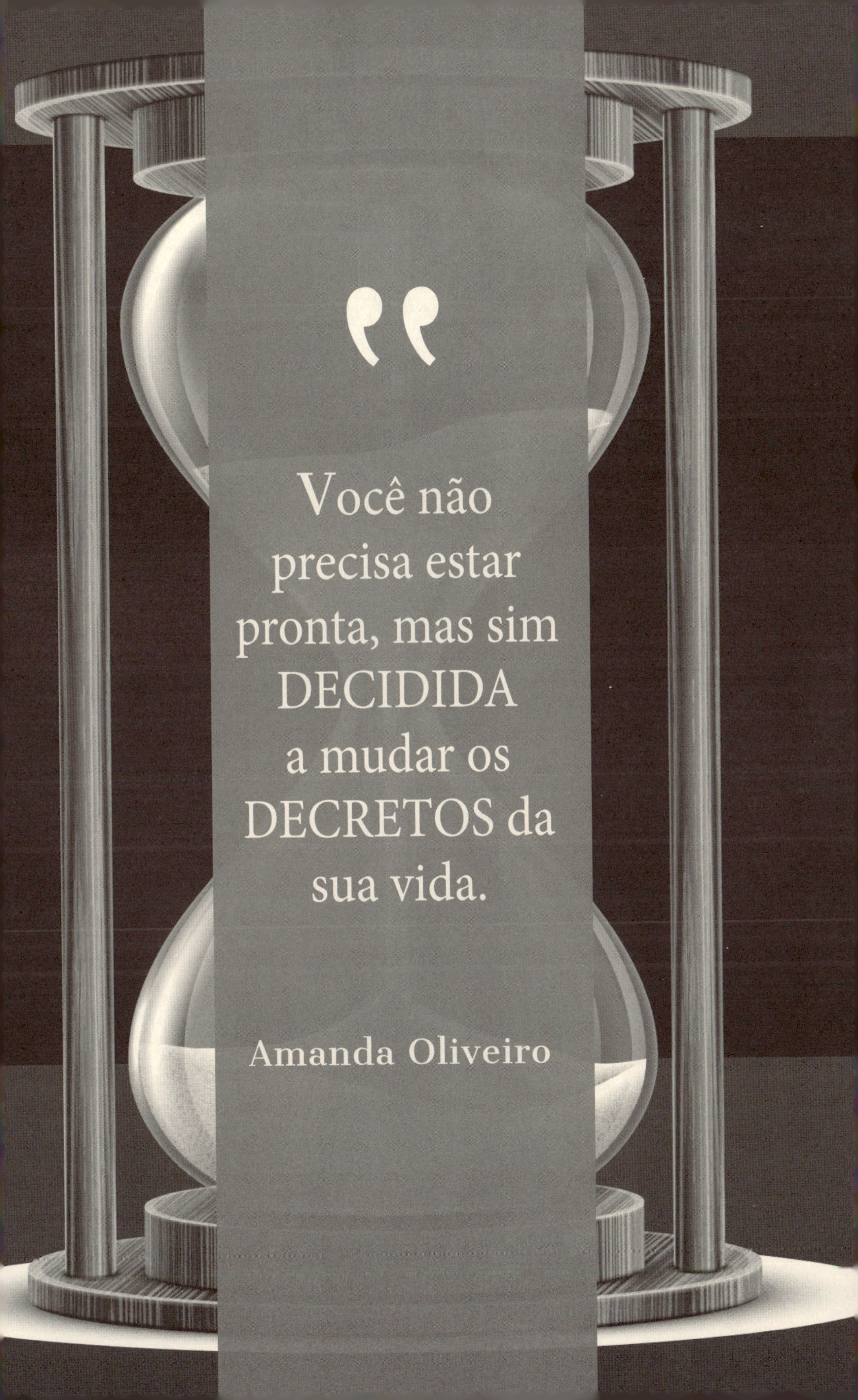

"

Você não precisa estar pronta, mas sim DECIDIDA a mudar os DECRETOS da sua vida.

Amanda Oliveiro

Carla Vago

Nascida e criada em Belo Horizonte/MG. Casada, mãe de duas filhas. Cantora há 26 anos, compositora, escritora com dois livros publicados e educadora física.

Formada em Teologia pelo Carisma da Igreja Batista da Lagoinha Sede, líder de louvor no Culto Mais que Vencedores em nossa Igreja. Lidero também uma das bandas que compõem o nosso Louvor, o Lagoinha One, há 13 anos.

Dois álbuns solo gravados, disponíveis nas plataformas digitais. Responsável pelo *workshop* Louvor e Adoração Como Arma de Guerra, ministrado em todo Brasil e exterior. Mentora de líderes de louvor por todo o mundo.

De família simples, supero vários desafios para viver de maneira plena a soberana vocação que o Senhor me confiou: levantar o nome d'ELE, trazer paz e cura aos corações aflitos.

carlavagooficial
ccristinapvm@yahoo.com.br
+55 (31) 988857874
carlavago
https://linkme.bio/carlavagooficial

QUEM TE CHAMOU?

04

Por Carla Vago

Ao receber o convite para participar do livro, a primeira coisa que disse com a Leticia foi: falar de Carla Vago é falar de recomeços! E dentre tantas histórias, o Senhor me direcionou a escrever sobre a que talvez seja a mais relevante no ministério.

Sempre fui tímida, tão tímida que quando chegavam pessoas desconhecidas em casa, escondia-me debaixo da cama, ou escondia-me atrás dos meus pais. Papai e mamãe contam que quando estavam grávidos de mim, a gravidez não foi planejada, eles eram solteiros. Mamãe trabalhava e morava de favor na casa dos patrões, sendo assim, precisaram me esconder durante um período, até mesmo da família, para que as coisas estivessem acertadas e eles primeiramente se casassem. Creio que minha forma de sempre querer me esconder e toda timidez venha disso. Mas Deus escolhe improváveis e escolhe as coisas fracas deste mundo, para confundir as fortes (1 Coríntios 1:27): eis que um dia Ele me chamou.

Eu tinha 7 anos quando uma tia materna, chamada Rosilene (*in memoriam*) pediu a minha mãe para fazer um culto doméstico na nossa casa e ela autorizou. A pastora responsável perguntou se minha mãe queria aceitar a Jesus e ela disse que naquele momento, não. Eu fiquei com o coração apertado por minha mãe não querer aceitar a Jesus e logo levantei a minha mão. A pastora se assustou, mas fez a oração de confissão comigo. Daquele dia em diante, me apeguei a Ele com tanto amor, que até hoje não consigo viver sem o Meu Amado Abba Pai. Fui a primeira a me converter em casa, levando assim, depois de certo tempo, com a graça de Deus, toda minha família a Cristo.

Aos 11 anos, em 1998, no culto da virada, ingressei no ministério de louvor da minha antiga igreja, lembro-me com muita gratidão. Mesmo criança, cantava em muitos casamentos, festas,igrejas, recebia convites pra cantar até mesmo em velórios, mas tudo honrando e louvando ao nome do Senhor, sem pretensão, sem interesse, sem buscar nada em troca, só pelo prazer de servir, adorar e honrar a Deus.

Com todos esses anos de experiência, em 2011, por insistência de alguns amigos e da família, resolvi participar de um concurso de música cristã, em BH, foi quando recebi uma palavra que talvez mudaria todo meu percurso, de uma vez por todas. Como todo concurso, havia jurados para nos avaliar e no caso deste, eram 3. Saí do meu serviço mais cedo, fui direto para o local onde aconteceria a audição, esperei por cerca de 1 hora, e mesmo chegando cedo, não consegui ser a primeira. Acredito que eu tenha sido a vigésima, foram mais de 300 candidatos naquele dia. Esta seria minha primeira participação em um concurso de música, se eu passasse na audição, o restante das fases seriam cantando na TV.

Emoção à flor da pele, fiquei extremamente nervosa em saber que seria avaliada, medo da rejeição, medo da performance, tive medo de não ser a canção apropriada, quis trocar, depois desisti, enfim! Antes de entrar para me apresentar para os jurados, passou um filme na minha mente, muitas incertezas, muito medo, desânimo, vontade de voltar para trás, mas eu permaneci, pois sentia muito forte que eu deveria passar por mais aquele processo porque meus amigos e família acreditavam em mim, não poderia decepcioná-los. Finalmente chegou o meu momento e eu entrei para me apresentar.

Ao entrar, reconheci dois dos jurados, um, era o próprio apresentador do programa e o outro era líder de uma banda muito conhecida na cidade, e hoje, coincidentemente é o meu líder de louvor geral da igreja, o qual tenho muito apreço. O terceiro jurado eu não conhecia, nunca havia visto nem ouvido falar. Estava muito nervosa, o coração saindo pela boca, mas mesmo assim, enfrentei o medo e cantei, com toda força de vontade e dando o melhor que havia em mim. Ao finalizar, o apresentador do programa passou a palavra para o jurado que eu não conhecia. Este, com uma risada sarcástica e com um ar de deboche, disse assim:

"Olha, minha filha, você pode fazer qualquer coisa na sua vida, limpar a igreja, cuidar das crianças, participar do ciclo de oração, mas CANTAR NÃO É PRA VOCÊ, NÃO, eu não gostei da sua apresentação!". Simples e objetivo. Eu arregalei os olhos e depois disso, já não sabia mais o que fazer. Foi quando o apresentador do programa, creio eu que percebeu o quão insensível esse jurado pareceu, tomou apressadamente a palavra e disse: "Eu não concordo com ele. Eu gostei muito da sua voz, achei que você cantou muito bem, precisa melhorar em algumas coisas, mas nada que desabone sua apresentação", e jogou a bola para o outro jurado, que concordou e disse: "Sim, eu concordo com você, o timbre de voz dela é bonito, realmente ela teve bastante vibrato, mas creio eu que isso seja em decorrência do nervosismo, o que é extremamente comum para quem está sendo avaliado. Mas eu gostei muito dela e ela está aprovada para a próxima fase". O apresentador do programa confirmou: "Sim, ela está aprovada para a próxima fase, para cantar ao vivo no programa, porque foi aprovada por dois dos jurados".

Naquele momento, eu não sabia se ria ou chorava, agradeci aos jurados e me dirigi tremendo até a porta, onde meu marido me esperava. Ao sair, não contive as lágrimas. Eu chorei tanto, mas tanto, que mal conseguia falar, nem ao menos contar o que tinha acontecido lá dentro. Fomos embora e ao chegar em casa, um pouco mais calma, contei ao meu marido o que tinha acontecido e disse a ele que embora dois dos jurados tivessem me aprovado, eu acreditava que o jurado que não me aprovou tinha razão. Cantar talvez não fosse pra mim, cantar talvez fosse ilusão da cabeça dos amigos e família que me amavam muito e queriam me apoiar em algo que eu gostava de fazer. Ainda com muita dor na alma, me sentindo envergonhada e meio perdida, fui orar a Deus e falar diretamente com Ele tudo que estava sentindo e acontecendo. Depois de chorar bastante nos braços do Pai, parei para ouvi-lo. Foi quando, ao calar-me, ouvi a voz d'Ele, tão doce, tão suave, firme mas amável, que me disse:

- QUEM TE CHAMOU? Foi esse jurado que te reprovou ou fui Eu?

Naquele momento, assustada, chorando muito, pedi perdão a Deus por acreditar mais na palavra de um homem que nem conheço, do que na própria palavra que Ele me deu, por ouvir uma única voz de reprovação a ouvir duas vozes de aprovação! Pedi perdão por acreditar mais em um homem que me reprovou do que nas vozes dos amigos e família que me aprovavam todos os dias.

Dali em diante, participei do programa na TV, cheguei às semi-finais do concurso, mas não fui a ganhadora do prêmio físico. Porém, me considero vitoriosa por poder compartilhar uma história tão rica com você e te encorajar, MULHER VALOROSA, a nunca desistir dos seus ideais, e se possível for, RECOMEÇAR, independentemente de qual fase você esteja.

Essa experiência melhorou-me, porque daquele dia em diante, decidi não mais ouvir as vozes de pessoas que proferem palavras negativas contra mim, palavras que tentam me paralisar. Eu sempre busco em Deus a resposta sobre o que as pessoas dizem ao meu respeito. É a voz d'Ele que eu quero e preciso ouvir todos os dias. A voz d'Ele silencia todas as outras vozes ao meu redor e dentro de mim. Gratidão, Senhor!

É triste admitir que por um momento eu desisti daquilo que Deus confiou a mim. Por um momento, eu preferi ouvir a voz de reprovação do que as muitas vozes de aprovação. Por um momento, eu acreditei que a voz de um jurado que não conhece minha história era mais importante do que a voz do GRANDE EU SOU, CRIADOR DE TODAS AS COISAS. E sim, por algumas horas, ou talvez minutos, eu desisti do meu chamado, e talvez você esteja neste lugar agora, onde suas forças se esvaem por acreditar nas palavras de pessoas que não sabem das suas lutas, que não conhecem suas dores, que nunca calçaram suas sandálias e pisaram nos terrenos mais mórbidos da vida, onde só você já andou sozinha, e sabe o quanto dói... Mas quero te trazer uma palavra de ânimo: JESUS ESTÁ CONTIGO NO BARCO, NÃO DESISTA, E SE NECESSÁRIO FOR, RECOMECE.

Mesmo que não seja com as mesmas pessoas, mesmo que não seja no mesmo lugar, mesmo que não seja usando as mesmas ferramentas que você um dia usou: RECOMECE! Não temas, Ele é contigo! Não te assombres, Ele é o Teu Deus que te fortalece e te ajuda com a Sua destra fiel (Isaias 41:10). Ele é o grande Eu Sou (Êxodo 3:14), n'Ele você tem tudo que precisa para mudar de fase. O segredo do vencedor é nunca desistir, haja o que houver, aconteça o que acontecer, permaneça firme e recomece quantas vezes forem necessárias, mas nunca pare de lutar, a vitória é nossa pelo poder que há no nome de Jesus. Olhe para o Alto sempre porque é de lá que vem o seu socorro (Salmos 121:1)!

Hoje, comemoro Bodas de Prata no ministério, são 25 anos servindo a um Deus vivo, como líder de banda há 13 anos, e justamente na igreja onde satanás quis me parar e que é a igreja conhecida mundialmente como referência em louvor e adoração. É SOMENTE A MÃO DE DEUS QUE FAZ ISSO (Isaias 41:20)! Mesmo na minha pequenez, Ele escolheu me acolher e amar, Ele confia em mim para sua boa obra e me permite recomeçar quantas vezes forem necessárias, mas não me permite olhar para trás, porque aquele que põe a mão no arado e olha para trás, não é apto para o Reino de Deus (Lucas 9:62).

Já viajei pelo Brasil e exterior cantando e pregando a palavra de Deus, testemunhando pelos quatro cantos dessa terra o quanto Deus é bom e o quanto Ele é fiel. E o mesmo Ele quer fazer por você! É tempo de recomeçar, mulher! A Bíblia diz que aquele que crê em Jesus será capaz de fazer obras maiores do que as que Ele já fez (João 14:12). Não seja covarde, Deus conta com VOCÊ! Assim como Ele um dia disse a Josué, esta é a ordem d'Ele para você: *"Seja forte e corajosa! Não tenha medo, nem desanime, pois o Senhor, Teu Deus, estará com você por onde tu andares"* (Josué 1:9). Ele é contigo! Fortaleça-se no Senhor e na força do Seu poder todos os dias (Efésios 6:10). Você não está só! Estamos juntas nessa caminhada. Sinta-se abraçada nesse momento! Conte comigo sempre!

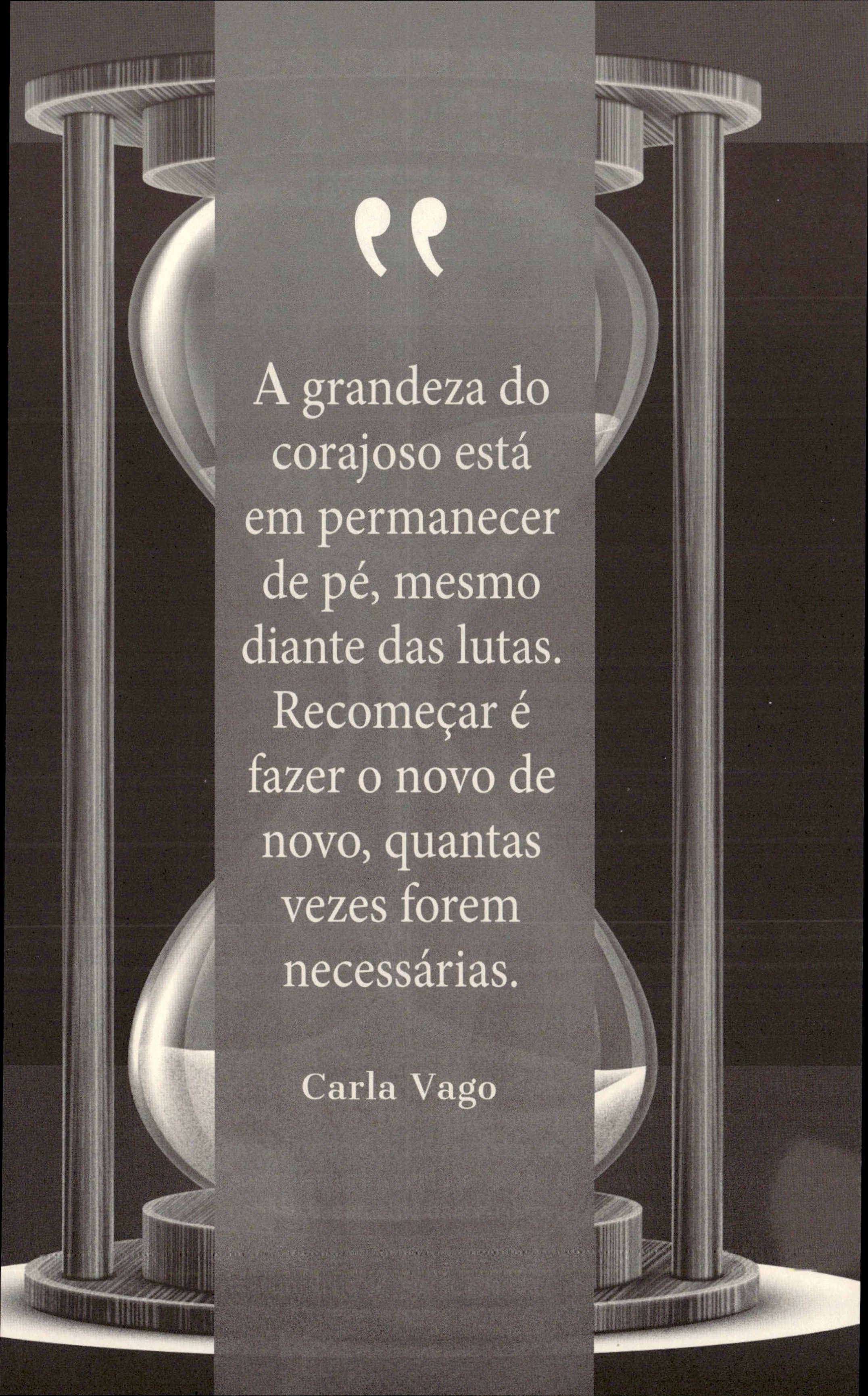

"A grandeza do corajoso está em permanecer de pé, mesmo diante das lutas. Recomeçar é fazer o novo de novo, quantas vezes forem necessárias.

Carla Vago

Claudia Manhoni

Me chamo Claudia Manhoni, sou do Rio de Janeiro, uma fervorosa serva do Senhor Jesus Cristo e por ser apaixonada pela palavra de Deus, sou estudante de Teologia.

Sou técnica em radiologia, mas meu amor maior é servir ao Senhor Jesus Cristo e sua igreja: sou intercessora e faço parte do Coral Mulheres Guerreiras, sou membro ativa de uma igreja evangélica tradicional pentecostal e estou na reta dos 50 anos.

Minha vida é um testemunho vivo do que o Senhor Jesus faz na vida daquela pessoa improvável, aliás, apostar no improvável e realizar o impossível é característico do Senhor Jesus Cristo!

claudiamainhoni

claudiamanhoni21@gmail.com

claudiamanhoni

MORTA NOS MEUS PECADOS, RENASCIDA POR DEUS!

05

Por Claudia Manhoni

Nunca imaginei que um dia iria escrever uma parte do meu testemunho em um livro, quando eu olho para o meu cenário atual é impossível, mas me sinto honrada e abençoada porque Deus faz infinitamente mais do que pedimos ou pensamos, mediante seu poder que atua em nós!

Não tive nenhuma base cristã na minha família, sempre fui muito levada e rebelde. Conheci o espiritismo com 16 anos através de um amigo que me convidou e eu fui, de lá não saí mais. Sempre fui intensa e me envolvi profundamente, fugia pra ir para as giras, lá eu conheci um Ogã do qual eu viria me casar futuramente. Comecei a namorar com ele e tive minha primeira relação sexual, meu pai nos obrigou a casar sem experiência de nada da vida, ele estava de obrigação do santo quando nos casamos.

No meio disso tudo, eu engordei e desenvolvi obesidade mórbida, engravidei do meu primeiro filho depois de 5 anos de casada e foi uma gravidez muito desejada não só por mim, mas por todos a minha volta e eu acredito que Deus já tinha um propósito na minha vida. Eu sempre dizia que quando engravidasse, iria pôr o nome dos meus filhos com nomes bíblicos e o meu primeiro filho se chama Matheus e o meu segundo filho, Felipe. Matheus hoje está com 25 anos e Felipe com 23 anos, são bençãos na minha vida. Na gravidez do Felipe, engordei 40 kg e logo depois que ele nasceu, fiz a cirurgia bariátrica. Nesse tempo, eu e meu marido entramos em crise, na verdade nós brigávamos por tudo e os meus filhos estavam crescendo e vendo tudo isso. Ninguém acreditava em mim, na verdade nem eu! Me separei do meu marido, queria ser livre e fui trabalhar em uma loja de roupas, depois trabalhei de recepcionista, no Detran, em consultório dentário e hoje sou técnica de radiologia.

Onde eu trabalhei, passei por muitas perseguições de colegas e eu sempre fazia obrigações para acalmar o chefe e outras para afastar a colega que queria meu lugar. Era um ciclo sem fim, era um desgaste! Nesse meio tempo, seguia entre idas e vindas com o meu marido, até que um dia eu resolvi sair da macumba. Eu entendi que gastava meu dinheiro, meu tempo e que nada acontecia como eu queria, pelo contrário, voltava tudo para mim.

Eu com a cabeça muito perturbada, desmaiava na rua, fui a um psiquiatra, comecei a tomar calmantes, estava totalmente desorientada. Um dia, joguei minhas roupas de santo no caminhão de lixo que passou na minha rua e eu disse: "Não quero mais isso para mim!" E meu marido, na época, falava: "Não faz isso, eles vão vir atrás de você!" (pombagiras). E eu dizia que não tinha medo deles, eu queria paz! Eu tinha sonhos horríveis com espíritos, via vultos, queria fugir daquilo e me sentia presa a eles.

Em um domingo, peguei meus filhos pequenos e fui para a igreja com eles, eu tinha ouvido falar em uma fila de banco que Jesus curava e libertava, então eu quis conhecer esse Jesus e fui a uma igreja. Eles pequenos e eu sozinha, e o pai deles em casa rindo de mim. Deixava-os na escolinha e descia para o culto, e quando acabava, voltava para casa e meu marido debochava de mim: "Quero ver até onde vai isso", implicava com tudo. Ele também vivia numa prisão espiritual, ainda fui algumas vezes na igreja, mas não tive forças, sozinha era quase impossível se livrar de tudo aquilo que eu estava passando e eu voltei para os espíritos! Sim, eu voltei pra lá, na igreja em que eu fui ninguém me acolheu e eu voltei.

Eu dava um passo para frente e dois para trás, meu marido melhorou durante uns dias, depois voltou tudo de novo. Antes de chegar em casa, ele passava no botequim, bebia, fumava e subia para casa bêbado, meus filhos vendo tudo isso, vivíamos em possessão do inimigo. Eu precisava de socorro espiritual! A minha alma gritava por socorro! Fiz várias tatuagens no meu corpo, duas delas foram pra homenagear um orixá, como eu me arrependo disso! Eu entendi que eu não podia com eles, então me juntei a eles.

Trabalho não me faltava, mas eu não tinha paz, ia protelando alguns sonhos, não me sentia capaz, como por exemplo, de tirar a carteira de motorista, um sonho simples, mas para mim, não era. Entrei várias vezes e não conseguia concluir; fazer uma faculdade para mim era impossível, não tinha vontade e não me achava capaz. Algumas vezes, ouvi vozes dizendo que aquilo não era para mim e desisti de tirar a carteira, aceitei aquela derrota. Saía à noite com as amigas para beber, curtir e quando chegava em casa, me sentia um lixo, o inimigo é ardiloso, eu estava vivendo uma vida de trevas.

Nesse tempo, estava separada do meu marido, até que em 2020, o mundo parou. E nesse período, reencontrei um amigo que foi meu instrutor no passado, começamos a conversar e logo viemos a sair juntos; ele era afastado da igreja, mas estava voltando. Ele tinha se separado da esposa e eu estava sozinha. Eu dizia: "Só me faltava essa, namorar um crente!". Um dia, pedi a ele para me levar na igreja dele, ele se assustou, mas me levou, eu fui desconfiada. Eu me sentei no último banco, fui do jeito que eu me vestia: calça apertada rasgada, de top com a barriguinha de fora, cheia de adereços, porque eu andava assim.

Foi num domingo, em uma igreja Batista, eu sentada no último banco, o pastor estava pregando e eu prestando atenção e, de repente, ele veio até onde nós estávamos e começou a profetizar na minha vida! Disse que o Senhor já me aguardava e estava me tirando do charco de lama em que eu me encontrava, que naquele momento estava me limpando, que iria me moldar e me botar alicerçada em uma rocha firme, que é Jesus Cristo! Também disse que um dia o meu testemunho iria em lugares que eu não pisaria e que eu iria pisar em lugares que eu nunca imaginei estar! Eu me tremi toda e chorei muito, parecia que estava tirando de mim algo, não sei explicar a sensação. Não saí dali crente, mas saí diferente, com vontade de conhecer mais a Jesus.

Comecei a caminhar e nas orações do meu namorado, ele profetizava na minha vida que eu seria uma mulher de Deus. Nesse meio tempo, me matriculei na autoescola novamente, pois dessa vez eu senti que seria diferente; também me matriculei num seminário na igreja que eu estava frequentando, era uma vontade de não perder mais tempo! Não deixava de ir às consagrações, ficava quietinha falando com Deus, muitas irmãs me hostilizavam devido a minha aparência. Eu queria me batizar, só que a igreja não me aceitava porque eu não era casada com o meu namorado, quando eu soube disso, fiquei muito mal!

Fomos orientados por uma pastora a nos concertar perante o Senhor e continuei, nesse tempo Deus usou uma irmã para falar comigo que o Senhor estava mudando tudo na minha vida, eu tive muitas experiências com Deus. Com o tempo, o Espírito Santo começou a me incomodar sobre meu namorado e as coisas entre nós só pioravam, senti que deveria terminar com ele e assim fiz.

Fui sendo moldada pela palavra de Deus e abri mão da minha carne para viver o que o Senhor tinha pra mim! A renúncia gera milagres, renunciar a si mesmo todos os dias é o que eu venho fazendo. Eu estava totalmente comprometida com Deus, Ele é um Deus que nos surpreende! Três meses depois, eu ganhei meu carro e minha carteira de motorista!

Quando a Bíblia diz que somos mais do que vencedores, isso significa que o amor de Deus, em Cristo, nos fortalece de tal forma que podemos suportar e Ele nos encoraja a seguir em frente. Não há causas perdidas, falhas ou fracassos com Jesus! Pra quem achava impossível fazer uma faculdade, hoje estou no terceiro ano de bacharelado em Teologia! Deus é especialista em realizar sonhos! Eu quero cada vez mais desse amor, a chama só vai crescer e eu vou prosseguir em conhecê-lo!

Eu sempre orei pelo meu ex-marido depois que me converti; no mês de junho, numa quarta-feira, ele me ligou me pedindo ajuda pra levar ele no médico, o caso dele era grave. Fui à casa dele com meus filhos e o socorri, ele foi medicado e liberado, deixei ele em casa com meu filho e fui embora, mas a situação dele piorou. Eu estava numa missão com as irmãs de oração e não ouvi o celular tocar, retornei a ligação, meu filho atendeu e disse: "Mãe, meu pai não está bem", e eu fui direto para o hospital. Meu filho Matheus e meu irmão estavam com ele lá dentro e eu entrei, quando eu o vi, que tristeza! Ele estava em cima da cadeira de rodas, todo sujo de pus, com um mal cheiro, senti a morte rondando ele. Eu quis ser forte, mas eu disse: "Só Jesus pode tirar você daí", ele me disse: "Se eu morrer, quero que você saiba que eu sempre te amei e me arrependo de muitas coisas que fiz com você, me perdoa!" Ah, eu já tinha perdoado! Eu disse: "Vou lutar por você, Jesus vai te dar vida!" O médico ja tinha dito ao meu irmão que o estado dele era gravíssimo!

Ele estava com síndrome de Fournier, em estado grave, levaram ele para a sala de cirurgia. Fui para casa aguardar notícias, passaram cerca de 2h, meu irmão chegou lá com o Matheus dizendo: "O médico disse que o estado que ele se encontra, não irá suportar a cirurgia, que irá a óbito essa noite!". Reprendi aquele diagnóstico e fui para o quarto, me tranquei e fui chorar nos pés do Senhor! "Senhor, se tu tens propósito na minha vida com esse homem, ele não vai morrer!". E ele não morreu! Ele teve uma experiência com Deus na madrugada dessa cirurgia e hoje tem certeza que o Senhor deu uma oportunidade pra ele mudar. Ele passou três meses internado, fez nove cirurgias, aceitou a Jesus no leito! Levei uma irmã de oração no hospital para orar por ele e Deus usou ela não só para ele, mas para todos ali na enfermaria, eu e ela começamos a profetizar vida ali naquele ambiente de dor!

Ele estava há três meses na cama, usando fralda, no outro dia ele se levantou e começou a caminhar com dificuldades, mas se pôs em pé! Assim como o Senhor tinha dito: "Levanta, toma sua cama e anda!" Quando ele se levantou, depois de 20 dias recebeu alta, para honra é gloria do Senhor. Foi batizado no dia 1º de outubro, ele agora é um homem de Deus, está amando a palavra do Senhor, está sendo acompanhado por discipuladores! Nesse mesmo dia minha mãe aceitou a Jesus como seu único suficiente Salvador! Deus faz! Nada mais me para nessa terra, só Deus! Deus está reconstruindo o meu lar... E pela fé eu digo: "Eu e minha casa servimos ao Senhor!".

Não há causas perdidas, falhas ou fracassos com Jesus.
Claudia Manhoni

Pra. Daiane Medina

Sou Daiane Medina, 39 anos, uma mulher reconstruída e improvável em meio a tantas mulheres extraordinárias, entendi o propósito pelo qual fui chamada. Falei ao Senhor: Eis-me aqui para cumprir com a missão que queres para mim. Assim como a Ester, ele disse: "Será que não foi por uma ocasião como esta que você foi chamada?".

Sou a filha amada do Pai, apaixonada por Jesus. Esposa do Adelar, mãe do Gabriel e da Heloísa. Ministra de louvor e pastora auxiliar na Igreja Discipular, em Santo Ângelo/RS. Servidora estadual na Fase (menores infratores), idealizadora do projeto Mesa Posta, Mulheres Transbordantes.

Te convido, vamos juntas transbordar em outras vidas. Lembrando que nada é sobre nós, mas sobre o que ELE pode fazer através de nós e tudo para a glória de Deus.

daianemedinaf

daianemedinafranco@gmail.com

Daiane Medina

+55 (55) 98435-0438

UMA MULHER RECONSTRUÍDA

06

Por Pra. Daiane Medina

Nascida em lar cristão, amada pelos pais e rejeitada por muitas pessoas. Aos 10 anos batizada pelo Espírito Santo, aos 12, nas águas. As rejeições causaram feridas em minha alma, o inimigo já lançava sobre mim sentimentos terríveis, medos, dúvidas que desencadearam uma série de acontecimentos que quase destruíram a minha vida.

Sofri *bullying* e era uma menina que muitas vezes estava sozinha por ser a "crente", sofri tentativa de abuso sexual e minha família um dia se desfez. Com a base desestruturada e as feridas sangrando, aos 14 anos busquei amor, aceitação, liberdade em um relacionamento que era abusivo, o qual me deixou cheia de pesos e vergonha.

Com tudo isso, o diabo trouxe acusações, pensei não ser mais digna de fazer a obra do Senhor, minha vida não tinha mais sentido, achei que nunca teria uma família; quis me esconder, minha alma gritava de dor, tive vontade de morrer e quase morri. Foi aí que conheci o mundo e seus prazeres momentâneos, cheia de complexos e acusadora de si própria, dando atenção às vozes do diabo. Apesar de tudo, a misericórdia do Senhor Jesus me alcançou e meu cenário mudou, o inimigo pensou que seria meu fim, mas foi o início de uma grande história. Hoje tenho uma família abençoada, fui resgatada, amada, perdoada e reconstruída. Você também pode ter uma nova história, Deus quer te reconstruir.

O que estou vivendo é a reconstrução de Deus em minha vida, lembro-me de uma visão, em que Deus me entregava uma caneta de ouro, na época não fez sentido. Mas hoje, essa visão se cumpre. Deus também usou uma missionária para confirmar a palavra em meu coração, dizendo: "Pastora, creio que logo escreverá um livro". Recebi também outras palavras proféticas. Por várias vezes me senti inferior e incapaz, duvidando das promessas do Senhor, pensei: será que da minha voz só ecoam gritos sem sentidos? Então disse: Senhor, fala comigo, pois não quero fazer o que o Senhor não queira, se nas minhas palavras não tiver unção, de nada adiantará eu fazer com minhas próprias mãos.". No mesmo dia, a resposta de Deus veio através de uma pastora que ministrava na nossa igreja, ela me disse: "A tua voz tem autoridade e alcançará muitas pessoas, Deus fará através da tua vida, para que o nome dele seja glorificado."

Deus fala e muitas vezes duvidamos, por sermos limitados e pelas circunstâncias e vozes contrárias. Se Deus já falou, tome posse da palavra. Sem que nada houvesse, Deus disse: "Haja" e tudo foi criado, para Deus basta uma palavra. Se entregar o controle da tua vida, Deus se responsabilizará em cuidar de tudo para você. Sl 37:5 diz: *"Entregue o seu caminho ao Senhor; confie nele, e o mais ele fará"*.

Meu pai era muito atuante na obra do Senhor, minha mãe dona de casa e auxiliava nos negócios. E eu os acompanhava nas viagens missionárias, infelizmente alguns acontecimentos acarretaram constantes e intensas brigas entre eles.

Por ser cristã, era rejeitada na escola, era muito magra, me chamavam de Olívia Palito, crente feia, puxavam minhas tranças, zombavam de mim, entre outras coisas; tive algumas amigas, mas sempre me sentia inferior. Na igreja, tinha alguns amigos, mas convivia mais com minhas primas e sempre com o complexo de inferioridade. Tomada pela rejeição, o diabo falava aos meus ouvidos: "Você é feia, uma seca, ninguém gosta de você, nunca vai se casar! Quem vai te querer?". Sofri tentativa de abuso sexual por um funcionário do meu pai e membro da igreja. Após um tempo, ele nos pediu perdão e perdoamos, pois Deus nos perdoa, não importando o erro e nos ensina a perdoar.

Aos 14 anos, conheci um rapaz, e "a rejeitada" sentiu-se aceita, pensei: "Agora as pessoas também vão me aceitar". Comecei a namorar e aos 18 anos, nos casamos. Ele falava: "Ninguém vai te amar, só eu!", o diabo sabia do que eu tinha medo e já o usava para afirmar isso. Saí do RS e fui morar com ele em Boa Vista/RR, permaneci 4 anos vivendo um relacionamento abusivo, inclusive fisicamente, além das traições; nos divorciamos, antes que acabasse em algo pior. E após a vergonha, o que iriam falar de mim? Pensava que nunca mais teria uma família, mais um trauma: a Daiane, uma divorciada, uma "pecadora divorciada". "Deus não vai me aceitar, nem adianta ir à igreja! Por que Deus permitiu isso comigo? Ninguém me ama!".

Entendi que mesmo sendo de berço cristão, não tinha o conhecimento das Escrituras, vivia uma religiosidade e não um relacionamento íntimo com Deus, eu não percebia que tinha feito escolhas, e decisões erradas têm consequências. Não faça nada pela necessidade de aceitação, toda ferida precisa ser curada, pois as consequências poderão ser terríveis e traumáticas; ao invés de tratar uma ferida, estará apenas escondendo a atual e desenvolvendo outras piores. Entenda: você não é o erro que cometeu, rejeite os rótulos, teu passado ficou para trás, com Cristo tudo se fez novo.

Após minha separação, veio a dos meu pais, o sentimento de abandono foi muito difícil, ferida difícil de se cicatrizar. Ficamos com medo que minha mãe desenvolvesse depressão, mas pela graça do Senhor hoje está bem e feliz.

Me afastei dos caminhos do Senhor, pois nada fazia sentido! Do que adiantou ter sido criada na igreja? Me vi no fundo do poço, então comecei frequentar festas, barzinhos, fui para a universidade, fiz "tantos amigos", era aceita! Supostamente encontrei a felicidade, pais separados, minha mãe viajava bastante a trabalho, então "aproveitei" os falsos prazeres que o mundo oferece, prazeres esses que são ilusões passageiras.

Em uma madrugada, após uma festa, sofri um acidente, capotei o carro e no momento que o carro ia virando, lembrei de Deus, clamei que não me deixasse morrer pois não queria ir para o inferno. Deus não quer o nosso medo, quer que reconheçamos quem ELE é. Deus nos ama e nos aceita mesmo sendo imperfeitos, não somos um erro, ele sonhou e nos planejou, ele não é um pai carrasco, mas sim, um bom pai, amoroso, misericordioso.

Em Jeremias 1:5 diz: *"Antes que eu te formasse no ventre te conheci, e antes que saísses da madre te santifiquei; às nações te dei por profeta"*. Não permita que o diabo lance acusações sobre você, queira se libertar de todo sofrimento, de toda rejeição, as feridas vão cicatrizar, enquanto você lê este livro, você está sendo curada. Você pode ter ficado em caquinhos, mas Deus vai te refazer, será uma mulher reconstruída e a tua ferida cicatrizada vai servir para curar outras pessoas.

Deus me livrou da morte, fiquei 3 dias internada, tive crise de pânico. Recebi a visita de um homem que orava pelos enfermos, que olhou para mim e disse: "Filha, você sabe o teu lugar, a vida que você estava vivendo não é o que quero para ti". Foram palavras simples, mas profundas, pois no meu entendimento Deus já não me amava mais. Eu era mesmo filha d'Ele? Ele não tinha me rejeitado?

Deus ainda tinha algo para mim, ainda havia esperança. As palavras tão simples de um enviado por Deus me tocaram e me fizeram refletir que talvez a minha vida tivesse sentido, que não eram as festas que preencheriam o vazio, pois só me afastavam ainda mais das promessas do Senhor.

Quero te incentivar, permaneça firme e constante nos caminhos do Senhor, nada neste mundo satisfaz a alma, as escolhas erradas e os caminhos tortuosos levam para o abismo, nada vai suprir a falta da presença do Senhor. 2 Co 4:8-9 diz: *"De todo lado somos pressionados; mas não desanimados; ficamos perplexos; mas não desesperados; somos perseguidos; mas não abandonados; abatidos mas não destruídos."*

Em minha trajetória faltou a maturidade espiritual para entender que nossos olhos precisam estar fixos no Senhor, entender que aqui na terra sofreremos aflições e perseguições; faltou o entendimento de que mesmo sendo "rejeitada", Deus estaria comigo e iria me suprir, eu era escolhida e amada por ele. Eu pensava que conhecia Deus de perto, mas na verdade vivi por muito tempo uma vida religiosa. Se você conhecer intimamente quem Deus é, mesmo diante das experiências e circunstâncias mais dolorosas, nada fará você desistir. A tua confiança precisa ser inabalável, firmada na rocha que é Jesus.

Meu pai constituiu uma nova família, não foi fácil perdoar, mas perdoei, perdão não é sentimento e sim uma decisão. Decida perdoar, não permita que a falta de perdão te aprisione; decida romper, decida liberar perdão, mesmo doendo libere seu ofensor, porque a Palavra diz que devemos perdoar assim como o Senhor nos perdoa, se liberte do peso da ofensa, da mágoa e da culpa. Não se apegue à dor, ela vai passar, um dia serão apenas cicatrizes para você testemunhar.

É necessário tratar a raiz do problema, independente do que seja, deve ser identificado o que te causou tanto mal, busque ajuda com líderes, pastores e até mesmo ajuda profissional.

A rejeição é uma das áreas em que o diabo mais se aproveita para destruir e se não for tratada se agrava, prejudicando outras áreas. Ela já vem acompanhada com a necessidade de aprovação, autoafirmação, a necessidade constante de ser notada e aceita, não conseguindo isso, pode levar a um sentimento depressivo que poderá resultar em ideação suicida ou até mesmo o suicídio. Peça ao Senhor e em nome de Jesus, você será curada e liberta. Mateus 10:1: *"E, chamando a si os seus doze discípulos, deu-lhes autoridade para expulsarem, e para curarem toda sorte de doenças e enfermidades".*

Um dia, o Senhor mudou a minha vida, conheci meu esposo em 2009 e juntos sonhamos e realizamos. Deus nos abençoou em todas as áreas, nas que eu me achava incapaz, lembro-me bem de quando iniciei os estudos para concurso público, não me achava inteligente o suficiente para ser aprovada. Então disse: Senhor, não me acho capaz, mas estudei, fiz minha parte, tem pessoas melhores do que eu, então me ajude esteja comigo me guiando. E no primeiro concurso, fui aprovada e nomeada, após este, tive êxito em muitos outros, hoje trabalho na fundação de atendimento socioeducativo do RS desde o dia 09/12/2013. Tenho dois filhos, o Gabriel que nasceu em julho de 2011 e a Heloísa, em janeiro de 2020. E a nossa consagração pastoral foi em 12/06/2012. Vida, família e ministério reconstruídos e tudo isso para a glória de Deus.

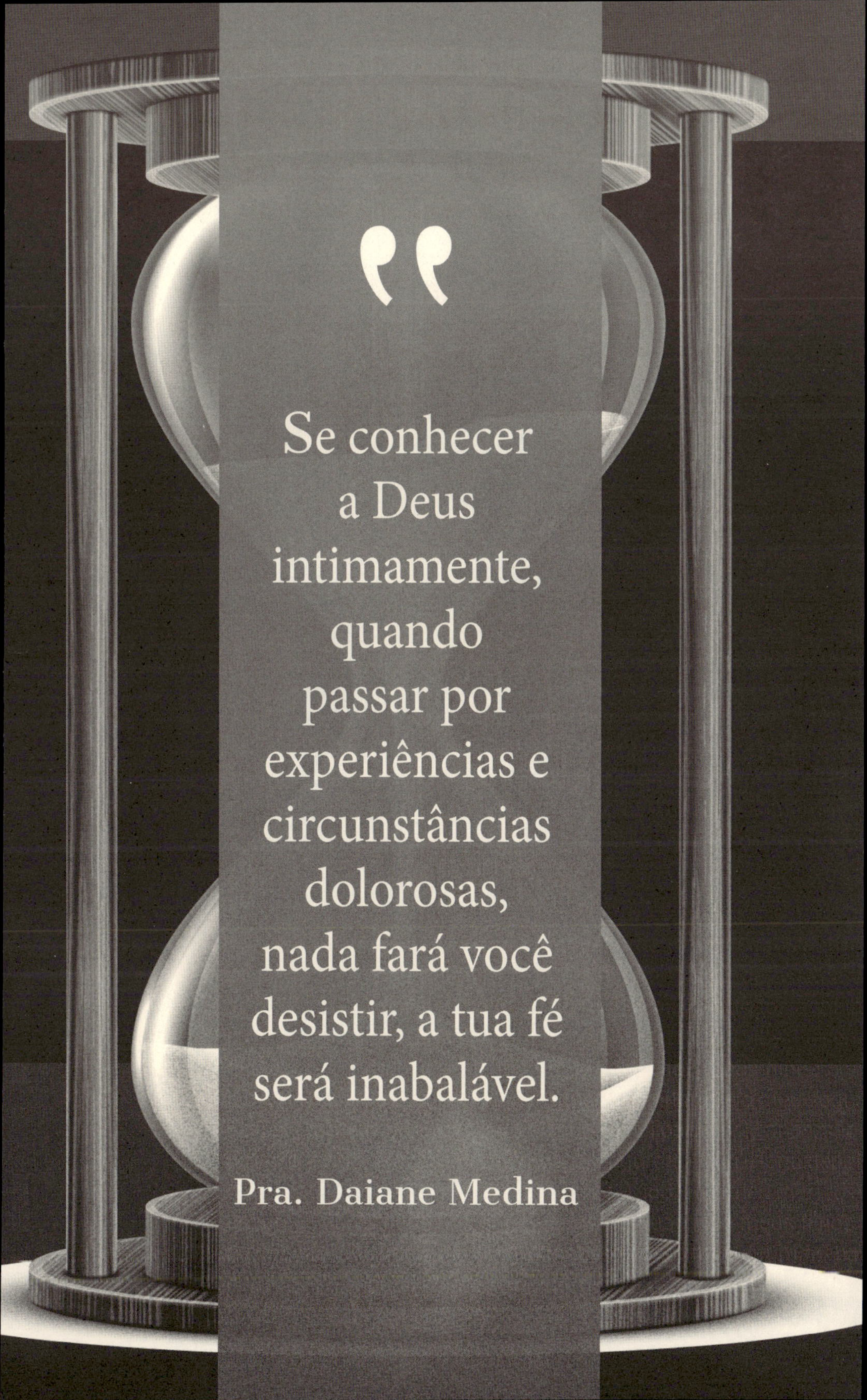
"
Se conhecer a Deus intimamente, quando passar por experiências e circunstâncias dolorosas, nada fará você desistir, a tua fé será inabalável.
Pra. Daiane Medina

Damares Marinho

Sou Damares Marinho, nascida em São Paulo/SP. Quando tinha 9 anos, meus pais foram chamados pelo ministério para servir em Santa Catarina e desde lá, fizemos deste estado nossa casa.

Sou casada com Tiago Carvalho, mãe de uma princesa chamada Isabelli e foi dentro do meu lar que encontrei meu propósito de vida.

Em meios a grandes batalhas emocionais, Deus foi me guiando a encontrar o caminho que Ele havia traçado, para que eu pudesse alcançar mulheres que quisessem usufruir uma vida extraordinária.

Sou mentora, palestrante, apaixonada pelo ministério da cura interior à luz das escrituras, uma das idealizadoras da Conferência Submersas; meu chamado é ativar mulheres através do alinhamento das emoções e da cura interior, ajudando-as a alcançarem plenitude para viverem uma vida liberta das dores, onde o seu propósito cumpra a sua missão.

damaresmarinho_

+55 (47) 99264-4501

A HISTÓRIA QUE TROUXE LUZ AO PROPÓSITO

07

Por Damares Marinho

"Antes que Eu te formasse no ventre materno, Eu te conheci, e, antes que saísse da madre, te consagrei, e te constituí profeta às nações". Jer. 1:5

Ouvi muito esse versículo ao longo da minha vida e sempre cri nele como um ato profético sobre mim. Desde muito jovem, sempre me dediquei ao ministério: iniciei no ministério infantil da igreja, depois adolescentes, adultos e por fim, mulheres.

Sempre soube que havia em mim um chamado específico do Senhor, mas não sabia como ele seria desenvolvido. Interessante que com Deus as coisas sempre funcionam muito diferente do que pensamos, Ele te dá uma visão de futuro, mas nunca revelará 100% o caminho que terá que trilhar. A direção é clara, o processo não.

Foi assim com José do Egito, Deus já havia mostrado seu futuro, mas não mostrou o processo para vivê-lo. Gosto muito de falar sobre esse assunto, porque vivo isso todos os dias, e agora com mais maturidade e mais clareza daquilo que Deus está fazendo. Como mencionei, sempre fui muito envolvida na área ministerial, e desde que nasci, meus pais já pastoreavam igrejas, e foi assim que viemos para Santa Catarina em 1992, sem termos nenhum membro da família por perto, mas debaixo de uma direção que o Senhor deu ao meus pais. Aqui vivi a minha infância, adolescência e juventude, foi aqui que Deus me deu meu esposo e através do meu casamento nasceu o meu chamado.

Me casei aos 25 anos e meu esposo tinha 22, minha história é muito comum: filha de pastor, líder de jovens na época, sempre envolvida com as coisas de Deus, mas a história do meu esposo era totalmente diferente da minha. Aos 9 anos, o presente como ele não recebeu do pai foi seu nome escrito em uma carreira de cocaína, esse dia marcaria sua vida para sempre, pois foi a porta de entrada para os vícios.

Ainda na sua infância, meu esposo teve contato com todos os tipos de drogas e era ensinado pelo pai a vida nas ruas. Tiago tem três irmãos, sendo ele o filho do meio, e dos três, ele seria o preparado pelo pai, para que um dia o substituísse no tráfico e nos assaltos que fazia. Agora você deve estar se perguntado: como foi que o conheci? Então, essa é aquela parte que Deus entra na história.

Minha sogra sofreu muito com o pai dos meninos, eles apanhavam, eram ameaçados de morte o tempo todo, o Zé, como era chamado, levava mulheres para dentro de casa, onde minha sogra deveria servi-las sem questionar. Os meninos quando não agiam conforme o pai queria, apanhavam de não conseguir colocar roupa no corpo, e esperavam curar os ferimentos em casa, para que ninguém soubesse aquilo que eles viviam.

Um dia, debaixo de uma ameaça de morte, minha sogra resolveu fugir, nessa época eles moravam em Criciúma e a mãe dela morava em nossa cidade, Jaraguá do Sul. Dona Robertina, avó dos meninos, pediu ajuda ao meu pai, para que pudesse tirar uma oferta na igreja onde pastoreava, para ajudar sua filha que estava em um esconderijo. Foi assim que conhecemos a família do meu esposo, eles vieram morar em nossa cidade, passaram a congregar conosco e assim me tornei a melhor amiga do meu marido.

Na época, o Zé os encontrou, tratava com o Tiago de forma diferente dos outros, pois ele estava sendo treinado para substituir o pai, se caso um dia ele viesse a faltar. Infelizmente o Zé veio a falecer na prisão, sem ter um real encontro com o Senhor, e como já previsto, o Tiago assumiu o seu lugar nos "negócios" do pai.

Em 2007, o Tiago resolveu largar aquela vida, precisava de ajuda, então me procurou e foi nesse momento que descobri que o amor que sentia pelo meu amigo era um pouco mais do que isso. Em um ano, ele voltou para o Senhor, namoramos, noivamos e nos casamos. Duas pessoas totalmente diferentes, com histórias totalmente desconexas, são unidas por Deus para viver um grande propósito.

Já no primeiro ano de casados, vivemos algumas crises e muitas delas nunca foram expostas, vivemos desafios que achei que não seriam possíveis superar. Eram duas realidades muito diferentes que vivemos, então não conseguia entender como que o Tiago não conseguia ver ou entender certas coisas.

Nós morávamos no 8º andar de um apartamento no centro da cidade e lá tinha uma porta-janela grande de vidro que dava direção ao pôr do sol. Um dia, em oração, pedia a Deus por mudanças; eu estava falando com o Senhor na cozinha e fui passar pela sala. Naquele momento, o sol estava se pondo e ouvi uma voz que entrou dentro do apartamento e disse: "Faça primeiro você!". Eu falei com o Senhor: "Como assim? Eu fazer primeiro? Olha tudo o que já faço!". E foi aí que comecei a entender o versículo que está escrito em Jó 5:18: *"Pois ele faz a ferida, e ele mesmo a liga; ele fere, e as suas mãos curam."*

Nunca imaginei que o meu processo de dor no casamento seria parte do plano perfeito de Deus. Para que você entenda um pouco a nossa história, aos 6 meses de casados, meu esposo teve uma recaída e chegou em casa com cheiro de maconha. Naquela noite, fiquei pensando o que faria e minha reação foi conversar com ele; oramos, pedimos perdão ao Senhor, dormimos e recomeçamos.

Penso que a minha atitude de confiar mais uma vez fez toda a diferença no processo de cura e libertação do Tiago, nunca pensei em desistir, e quando estava fraca em meus pensamentos, Deus sempre me lembrava quem eu era, então desistir não seria opção.

Me entreguei por completo ao que Deus estava fazendo, o processo era doloroso, porque com ele veio, o "se importar menos comigo" para se importar mais com o meu esposo. Minhas dores, minhas carências emocionais eram apenas uma etapa que deixei de lado para que pudesse ajudar o Tiago. Aprendi tantas lições no meio de todo esse processo e aqui quero dividir 3 delas com você.

Lição nº 1 - Pessoas tem visões diferentes, porque possuem histórias diferentes

Parece que ja sabemos isso, mas na verdade temos muita dificuldade de entender isso na prática. Quero exemplificar isso para você com a frase de Alfred Korzybski, *"O mapa não é o território"*.

Exatamente isso, já reparou que a experiência de conhecer um lugar pelo mapa é bem diferente da experiência de estar naquele lugar? As suas experiências vividas são apenas mapas para as outras pessoas, elas irão ouvir sua história, podem até se emocionar, mas o "viver a experiência", somente você poderá descrever. Assim também é o contrário, a vida das pessoas ao nosso redor são apenas mapas ao nosso olhar. Por isso temos tantas dificuldades em entender o próximo.

Mas com esse conhecimento, você pode aplicar a empatia na sua vida, se colocar no lugar do outro, para que possa entender o porquê a pessoa age de tal forma, porque ela pensa desse jeito, enfim, entender o próximo, sob o olhar que ele tem da vida. Faça o teste, você vai perceber que o seu olhar vai mudar e tudo o que está ao seu redor também.

Lição nº 2 - Nunca deixe que a emoção tome decisões

Nós mulheres somos muito emoção, por qualquer motivo choramos, nos entristecemos e se não dominarmos as nossas emoções temos uma tendência bem grande de errar. Aprendi isso de forma dolorosa, errei muito com meu esposo, por não controlar o emocional.

Lembro-me de um dia que discutíamos no carro e para ser sincera, nem me recordo o teor da discussão, mas algo que ficou gravado na minha memória foi quando fui dura em algumas palavras, o Tiago se calou e quando eu parei de falar, com o rosto mostrando tristeza, ele me disse: "Dói saber que é isso que pensa de mim". Meu coração se dilacerou, mas não tinha como voltar atrás. Eu sabia de todo processo dele, sabia tudo o que já tinha suportado, e como é que eu poderia proferir palavras tão duras com ele naquele momento? Deixei que a minha emoção falasse e joguei as palavras como um saco de penas soltos, que ao deixar soltas no vento, nunca mais se recolhe as penas.

Aprendi a lição de forma dura, porque me arrependi de verdade do que havia falado, pois não era o que realmente pensava sobre ele, mas agora eram palavras que haviam saído da minha boca. Quantas vezes erramos porque deixamos nossa emoção tomar conta da nossa língua? Reflita sobre isso, a emoção é passageira, mas como agimos ecoa na eternidade.

Lição nº3 - Fomos criados com o poder de criar

Algumas situações marcaram minha vida, mas uma que grita dentro de mim, foi o que aconteceu em um retiro de jovens, onde fui convidada para ministrar. Nossa participação seria na parte da noite, tivemos um dia maravilhoso, com ministrações incríveis durante o dia. À noite, Deus falou forte comigo sobre para que fomos criados e toda a revelação da palavra para aquela noite foi baseada na criação do homem. No meio da ministração, contando um pouco do nosso testemunho, falei que o meu esposo era o homem mais parecido com Cristo que eu conhecia. Você não faz ideia do que isso fez nele: depois do encontro, ele em lágrimas me abraçou e me disse que há muito tempo esperava ouvir isso. Meu Deus! Aquilo foi como uma chuva fresca de Deus em nosso casamento, porque a semente da palavra foi lançada sobre ele. Você foi criada para gerar e nós geramos com as nossas palavras. Pare e pense sobre o que tem saído de você, isso tem o poder de curar a alma de alguém.

Esses são apenas alguns dos ensinos valiosos que nossa história me deu, percebi que as dores que foram geradas em mim é para que um dia como esse aqui, eu pudesse estar ajudando mulheres a saírem de uma condição de prisão emocional para viver o extraordinário do propósito.

Já ajudei centenas de mulheres a viverem o extraordinário, mulheres que haviam perdido o brilho da vida e juntas conseguimos resgatar o propósito no meio da dor. Na cura existe propósito e você precisa identificar o seu. Não desista porque o caminho ficou difícil, as dificuldades nos preparam para viver o extraordinário em Deus e você define como irá viver.

Como meu pai sempre diz: "Decisões definem destinos". Você é capaz de tirar os entulhos hoje e começar uma grande reconstrução na sua vida. Que Deus te abençoe!

"

Na cura existe
propósito e
você precisa
identificar o seu.

Damares Marinho

Dayane Nascimento

Sou Dayane Nascimento, tenho 32 anos, natural de Guarapari/ES, onde resido com minha amada família: meu esposo João Ítalo Nascimento, com quem sou casada há 15 anos, e meus filhos, João Gabriel de 14 anos e Ana Gabriely de 11.

Sou cantora há 10 anos, tenho canções gravadas, disponíveis em todas as plataformas digitais e videoclipes. Sou compositora, ministra da palavra de Deus, exerço a função de liderança juntamente com meu esposo em nossa igreja local, no departamento de famílias da igreja Assembleia de Deus Ministério Boas Novas, a qual faço parte do corpo de membros há 20 anos. Atualmente, estou cursando Psicanálise.

cantoradayanenascimento

dayanenascimentocantora@gmail.com

+55 (27) 99915 3740

cantoradayanenascimento

RESTAURANDO MINHA IDENTIDADE 08

Por Dayane Nascimento

Quero começar esse texto lhe fazendo três perguntas: "Quem é você?", "Qual o seu propósito?" e "O que te impede de vivê-lo?" Pense, reflita e responda para você mesmo. Com o passar do tempo, às vezes nos perdemos no meio do caminho, as circunstâncias e tempestades da vida acabam nos desviando da nossa essência, impedindo de chegar ao alvo. Mas ainda há esperança, Deus quer que você viva o que ele preparou (Romanos 12:2). Restaurar significa fazer alguma coisa voltar à sua forma original. Daí já podemos perceber que para sermos restaurados, precisamos voltar a nossa originalidade.

O mundo é cheio de regras e filosofias, muitas delas são perigosas, e por isso, vemos muitas de nós tentando nos enquadrar no molde que o mundo traz; e o número de mulheres depressivas que chegam até ao suicídio aumenta cada vez mais. Nós, mulheres, não somos o que o mundo diz, nós somos o que Deus fala sobre nós em sua Palavra, nós somos preciosas para Deus e quando encontramos nossa identidade em Deus e vivemos nosso propósito, a vida volta a ter sentido, quanto mais você se aproxima do Criador, mais você entende quem você é.

Deus nos criou à imagem e semelhança d'Ele, fomos criados para glorificar o seu nome, refletindo suas características. Homem e mulher são igualmente preciosos para Deus e estão sob a mesma missão (Gn 1:26–28). A mulher e o homem, ambos se completam, pois cada um reflete a natureza de Deus de forma diferente. Mas quando o pecado entrou no mundo, corrompeu essa imagem. O diabo quer destruir a imagem de Deus em nossas vidas. Jesus foi a perfeita imagem de Deus na Terra, sem pecado, porque Ele é o Filho de Deus (Colossenses 1:15-16).

Quem aceita Jesus como seu salvador se torna filho de Deus. O Espírito Santo trabalha na vida de cada crente, ajudando-o a vencer o pecado, para o tornar mais parecido com Cristo (Romanos 8:29). Quando deixa o Espírito Santo agir, o crente se torna um exemplo do amor de Jesus.

Volte a sua originalidade, você é luz desse mundo e sal dessa terra, faça a diferença por onde passar. Certa vez, um adolescente ansioso pelo seu futuro, angustiado e com dúvidas de qual era a vontade de Deus para a sua vida, me questionou o que deveria fazer, eu, em pensamento, orando ao Senhor pedi uma resposta e Deus claramente me impulsionou a dizer ao rapaz: "Sabe qual é a vontade de Deus para sua vida? Você pode ser um médico, um comerciante, um policial, um motorista, um jogador de futebol... Desde que você reflita a imagem de Deus, por onde você passar. Essa é a vontade de Deus para mim e pra você, seja aquele que água para os sedentos, alimento aos famintos, faça o bem sem olhar a quem, por onde você passar deixe rastro de unção. Não importa a sua profissão, o importante é que o nome de Deus seja glorificado através da sua vida!" (João 14:12-14).

Mas e agora, o que te impede de viver plenamente a vontade de Deus? Pare e pense, você está passando por problemas ou é o pecado que tem te afastado de Deus? Arrependa-se e volte para Cristo, ainda há esperança para você, não deixe o inimigo colocar em sua mente que você não merece o amor de Deus, Jesus sabia que iríamos falhar, mesmo assim ele decidiu morrer em nosso lugar, por amor. Nada, nada deste mundo pode nos separar do amor de Deus (Romanos 8:38-39) a não ser você mesma!

Está nas suas mãos a oportunidade de viver o novo de Deus para sua vida, vai aceitar ou rejeitar? A escolha é sua! Deus nos deu liberdade para tomar nossas decisões e para cada uma tem suas consequências. *"Escolha hoje a quem sirvais, porém eu e minha família serviremos ao Senhor."* (Josué 24:15). Nós carregamos o DNA de Deus, existe um vazio dentro de nós que só pode ser preenchido pela presença de Deus e por seu amor.

Talvez o que te impeça de viver o propósito de Deus em sua vida seja o medo, traumas, circunstâncias adversas..., mas quero te encorajar a não desistir. É normal sentirmos medo em meio às tempestades da vida, mas isso não pode te paralisar e te impedir de viver o sobrenatural com Deus e de cumprir o seu propósito.

No início da pandemia, eu senti muito medo, noticiários em toda parte de coisas horríveis acontecendo e além do medo de pegar COVID, meu esposo estava com o salário atrasado, meus filhos não iam para a escola, pois a mesma cancelou as aulas pra evitar o contágio, e consequentemente, tive que sair do meu emprego para cuidar deles. Comecei a sentir dores no corpo, no coração, que parecia um infarto, já não dormia mais, até que fui ao médico, onde ele me receitou remédios pra ansiedade, estava entrando em uma depressão.

Sei que precisamos seguir as orientações médicas, mas no momento eu me assustei, não estava aceitando aquele diagnóstico e não tomei os remédios. Então eu me apeguei naquele versículo que diz: "*Entregue toda a vossa ansiedade ao Senhor, pois ele tem cuidado de vós*". 1 Pedro 5.7

Um dia, em minha cozinha, eu comecei a orar a Deus e a chorar, pois nessa ocasião já tínhamos acumulado algumas dívidas, e eu sempre tive muito medo de ficar com o nome sujo, sempre andei certinha com as minhas coisas, então estava apavorada. Até que meu filho João Gabriel, na sala da nossa casa, começou a tocar o violão, Deus começou dar a ele uma melodia e na mesma hora, eu que estava na cozinha ouvindo aquele som, Deus me deu a letra da canção "Ele chegou ". A alegria de Deus encheu meu coração e em toda a minha casa, pudemos contemplar a glória do Senhor, o choro tornou-se de alegria!

Depois desse dia, eu parei de sentir as dores, voltei a dormir normalmente e Deus me deu uma estratégia: comecei a fazer bolo no pote, bombons trufados, geladinhos *gourmet* e meu esposo saía pelas ruas para vender; mesmo sem receber o salário da empresa onde trabalhava, ele não saiu do emprego e nas horas vagas vendia os doces que eu produzia. Para a glória de Deus eu posso dizer que não nos faltou alimento, não fiquei com o nome sujo, Deus nos sustentou em todas as áreas. Se pegamos o COVID eu não sei, pois no máximo sentíamos sintomas de uma gripe e por isso cuidamos em casa, com a graça de Deus.

Com o dinheiro dos doces, consegui até gravar um clipe da canção que Deus nos deu. Essa crise passou, a empresa pagou tudo o que estava atrasado, meus filhos voltaram para a escola e eu para o meu serviço. Os doces foram apenas uma porta de escape que Deus nos deu. Agora imagina comigo, se eu deixasse o medo me paralisar, talvez hoje eu estivesse com depressão ou com dependência de remédios, endividada, no desespero meu esposo teria saído do serviço... E eu não teria vivido o sobrenatural com Deus.

Nós precisamos sair da nossa zona de conforto, ouvir e obedecer a voz de Deus. Tempestades vêm, mas se Jesus está no seu barco, é Ele quem dá a direção, o vento pode soprar forte, mas você chegará ao seu propósito. Saiba de uma coisa: adultos resolvem problemas, crianças fazem pirraça. Se você ainda não consegue resolver problemas, sente que está paralisado, talvez você tenha uma criança ferida dentro da sua alma, que te paralisa, com traumas que te impedem de prosseguir, mas você precisa ressignificar toda essa dor transformando-a em combustível para viver o seu propósito.

Eu não sei nada sobre a ferida que está em seu coração, só Jesus sabe a dor que te causaram, quem te feriu; Jesus sabe, Jesus te ama e deseja curar a criança ferida dentro de cada um de nós. Na presença de Jesus esta criança, tantas vezes traumatizada e ferida, pode sarar, brincar, rir, amar e crer! DEIXE A CRIANÇA QUE ESTÁ DENTRO DE VOCÊ se chegar a Jesus, não a impeça, não a censure! Jesus quer aceitar e curar nossa criança interior ferida e, através de nossas mãos e corações curados e cheios de vida, levar também a outros pequeninos esta cura. Enquanto você faz a obra de Deus, uma obra está sendo feita em você e através de você. Eu também já me senti paralisada, buscava olhares de aprovação e quando não recebia, me frustrava e desistia de tudo. Até me encontrar com o meu pai celestial, pois tive um real encontro quando comecei a olhar somente para Ele.

Sempre gostei de cantar e louvar a Deus, mas sofria críticas e humilhações por minha voz ser rouca e isso me entristecia, até que um dia já não mais me importei com as críticas, eu louvava a Deus na minha casa o dia inteiro, sem intenção de receber oportunidades ou de ser cantora, nunca tive esse sonho, mas foi na minha casa sozinha, sem ninguém ver, que Deus me ensinou a cantar e a adorá-lo em Espírito e em verdade. Até que um dia uma missionária me disse, revelada por Deus, que eu seria uma cantora, eu confesso que não acreditei, não me sentia capaz, mas ela continuou dizendo que como prova que era Deus que a mandava dizer, naquela mesma noite Deus me entregaria canções. E assim foi: na mesma noite, em sonho, Deus me entregou. Desde então, Deus tem me dado canções e oportunidades de gravá-las em estúdio, para honra e glória do seu nome.

Quando estava pra gravar meu primeiro CD, eu fiquei rouca a ponto de perder a voz, fato que me levou ao médico onde tive um diagnóstico de paralisia na prega vocal direita e ele me disse que eu não poderia mais cantar, pois poderia perder também a prega vocal esquerda. Tomei os remédios receitados, fiz repouso por um tempo, até que a voz voltou e eu continuei a louvar a Deus. Eu não desisti e glória a Deus por isso, pois anos depois voltei ao médico para ver como estava a prega vocal e ele já me deu outro diagnóstico, dizendo que eu tinha uma fenda vocal. Ao comparar com o meu primeiro exame feito há anos, era o mesmo diagnóstico de fenda vocal, um problema que tem tratamento e que não me impedia de continuar a cantar, ou seja, o médico errou. Imagina se eu estivesse parado no primeiro diagnóstico? Eu não teria vivido meu propósito e agora, sabendo que houve um erro médico, estaria frustrada.

Através dessa palavra, quero te incentivar a não desistir, quem lhe dá a última palavra é Deus, confie e descanse no Senhor, permita-se a viver o sobrenatural de Deus. O segredo está na obediência e na fé.

"

Enquanto você faz a obra de Deus, uma obra está sendo feita em você e através de você.

Dayane Nascimento

Pra. Débora Reis

Olá, sou Pra. Débora Reis, natural de Campinas/SP, residido no Rio de Janeiro há 23 anos com minha adorável família: meu esposo Eder Reis, com quem sou casada há 26 anos, meu filho Eude Reis e minha filha Quezia Reis. De 5 filhos, sou a caçula dos estimáveis pastores Dirceu e Tereza.

Sou pastora, jornalista empresarial, psicanalista clínica e cursando Psicologia. Somos pastores da Igreja Assembleia de Deus Ministério de Madureira. Temos a honra de ser pastoreados pelo Bispo Dr. Abner Ferreira e Bispa Marvi Ferreira.

Meu ministério nem sempre foi fácil, mas acredito no meu chamado e sei que Deus nunca me desamparará. Por isso, sigo cumprindo o "ide", pregando o evangelho e motivando mulheres que buscam cumprir o propósito de Deus dentro e fora de seus lares, pois eu acredito que em Deus somos mais do que vencedoras.

deboradepreis

deboradepaulareis@yahoo.com

NÃO FUJA DO PROPÓSITO! ELE É O DESTINO PROFÉTICO

09

Por Pra. Débora Reis

Viver a chamada não é fácil, mas tentar fugir dela é muito mais trabalhoso. Não fuja do seu propósito!

Venho de uma família sacerdotal, cresci criada na igreja vendo meus pais carinhosamente cuidando do rebanho que DEUS lhes confiou, sempre com muita admiração. Não há registro na minha memória, e nem da dos meus irmãos, em vê-los brigando, falando mal de alguém ou reclamando de alguma situação. Que sabedoria!

Na adolescência, eu era regente das crianças, depois, dos adolescentes e jovens, nem tinha idade, mas lá estava eu, fazendo com muito carinho.

Na cidade de Sorocaba, meu pai pastoreou por 5 anos, e nesse tempo tive o privilégio de ser a regente dos jovens. Em um desses cultos, tivemos a visita de um jovem, lembro como se fosse hoje, um rapaz branquinho, magrinho, que se sentou lá nos últimos bancos com sua família; após o culto, eu e alguns jovens fomos até ele para conversar, gostou tanto que se tornou membro da igreja.

Passados 2 anos, começamos a namorar e depois noivamos. Foi lindo e emocionante. E após três anos, nos casamos. Após o casamento, meu pai foi transferido da cidade de Sorocaba, estado de São Paulo, para o Rio de Janeiro, onde foi pastorear no bairro Marechal Hermes. Com a vinda de meus pais para o Rio de Janeiro, permaneci morando em Sorocaba/SP, onde fomos agraciados por Deus com nosso primeiro filho, Eude Reis. Em Sorocaba, meu esposo era sócio de seu tio João (*in memoriam*), ambos eram muito bem-sucedidos e meu filho teve tudo do bom e do melhor.

Com a transferência dos meus pais para a cidade do Rio de Janeiro, chorei muito, porque sempre fomos unidos, porém entendi que não poderia acompanhá-los, pois Deus tinha seu propósito com a minha família ainda em Sorocaba.

Após a transferência dos meus pais, foi enviado outro pastor para assumir a direção da igreja. Passados alguns meses, fomos surpreendidos em uma festividade, para pastorearmos uma congregação (igreja filial), onde ficamos por aproximadamente 3 anos. Ressalto que, de momento, houve uma resistência da minha parte em assumir essa responsabilidade, sempre estava lado a lado com meus pais e via de perto as dificuldades que enfrentavam, era uma chamada que não gostaria de aceitar, porém Deus já tinha um PROPÓSITO com a minha vida, e só consegui entender após ser aconselhada por meu pai e pelo então pastor que havia nos designado a missão.

Louvo a Deus porque Ele me entendeu e entende até hoje. Foi nessa congregação onde pude perceber verdadeiramente o meu propósito e que a minha infância, por onde passei e os trabalhos que desenvolvi, liderando departamento das crianças, adolescente e jovens, pude perceber como Deus é maravilhoso e que nada em nossa vida acontece por um acaso. Eu acredito que em nossa vida nunca existiu e nem existirá o acaso, tudo o que acontece é permissão de Deus e em todas as coisas Ele sempre tem um propósito. Na minha vida, foi de me preparar para coisas maiores que viriam para o meu ministério.

Depois de 3 anos, viemos morar na Cidade Maravilhosa e fomos ajudar meus pais em Marechal Hermes; confesso que no começo foi muito difícil, mas obedecemos ao ide do Senhor. Humanamente falando, a decisão que tomamos de deixar a sociedade em Sorocaba e vir para viver o chamado de Deus na nossa vida, não era uma decisão plausível, mas Deus tinha seu PROPÓSITO. Meu esposo tentou de todas as formas abrir a empresa no Rio de Janeiro, mas não teve sucesso, não era o plano de Deus. Pastoreamos duas congregações em Marechal Hermes, aprendemos demais.

Após 5 anos, meu pai foi novamente transferido, agora para o bairro de Bangu. Para quem não sabe, essa é a primeira igreja do Ministério de Madureira, uma igreja histórica. Orando, Deus revelou ao meu pai que meu esposo seria seu primeiro vice-presidente e eu, consequentemente, a vice da minha mãe. Nesse tempo éramos novos, tínhamos 25 anos de idade, foi um grande desafio. Meus pais sempre nos ensinaram que com Deus não se brinca e tudo que fizermos, prestaremos conta. Nessa mesma igreja tinha uma escola particular, do Jardim ao 4º ano, onde, pela misericórdia, fui diretora por 8 anos e também diretora adjunta do Instituto Bíblico Ebenézer por 3 anos.

Mesmo com essas responsabilidades, sempre fui atuante, inclusive, na regência do grupo de mulheres, também dirigia a consagração junto à equipe, cuidava dos filhos e do meu lar.

Nesse período, em Bangu, meu pai teve sérios problemas de saúde e ficou impossibilitado de ir assiduamente aos cultos, sendo assim, meu esposo e eu tivemos que assumir na sua ausência e as demandas eram enormes. Nesse período, não podíamos levar nenhum problema a ele, devido a sua saúde, mas DEUS, em todo tempo, esteve conosco, pois quando Ele chama, Ele capacita.

Por motivo de saúde, meus pais tiveram que pedir a jubilação. Com isso, o Bispo Abner nos informou que iríamos pastorear na cidade de Italva/RJ. Foi um choque para minha casa, não conhecíamos a cidade, porém me lembro do conselho da Bispa Irene e uma frase que marcou nossas vidas: "Seus pais são uma árvore frondosa e vocês, os filhos, ficavam de baixo da árvore, só que os nutrientes necessários para sobrevivência não chegavam até vocês. Com a saída dos seus pais, essa árvore saiu e agora vocês, os filhos, receberam todos os nutrientes necessários, luz e água". Gente, na mesma hora fez sentindo a fala da Bispa Irene e eu entendi que uma jornada ministerial iniciaria a partir daquele momento, mesmo sem saber o que enfrentaríamos. Sempre falei que onde pisasse a planta dos nossos pés, abençoado seria.

Aos poucos, meu pai foi reagindo e em todo tempo meus bispos cuidaram, e ainda cuidam, como se fossem seus pais, por isso a minha gratidão é eterna por esse casal. E fomos nós para a cidade de Italva cumprir o chamado, onde permanecemos por 6 anos e 8 meses. Ao chegar, tivemos grandes desafios, não foi fácil. Que aprendizado, lá eu fui forjada. Deus tratou de mim bem de pertinho e como filha obediente que sou, segui a orientação divina. Na nossa transferência daquela cidade teve muito choro, e eu, claro, também chorei muito.

Em dezembro de 2017, estávamos nas Bodas de Ouro dos meus pais e antes de iniciar a cerimônia, nosso Bispo Abner chamou meu esposo ao gabinete e falou que estaria nos trazendo de volta ao Rio de Janeiro e assumiríamos a igreja em Tijuca. Indo pra casa, meu esposo me deu a notícia. Ao mesmo tempo que estava feliz de voltar à Cidade Maravilhosa, fiquei preocupada, pois o antigo pastor da Tijuca havia falecido e a igreja estava em luto. Foi muito impactante o ocorrido e naquele momento as irmãs vinham até a mim para conversar, foi quando entendi que elas precisavam de ajuda de um profissional das emoções. Nesse momento senti a necessidade de ingressar em uma universidade e fazer Psicologia. Tem situações que parece que é para sua morte, mas por motivo da sua obediência, DEUS reverte em bençãos.

Com a orientação de DEUS ingressei na psicanálise, que tem sido uma âncora para o meu chamado, minha gratidão a Dra. Ângela Sirino, minha mentora. Agora estou iniciando o doutorado e concluindo a Psicologia.

Hoje, já amadurecida, depois de passar por muitas experiências, penso e consigo agir diferente. Deus tem me surpreendido a cada dia e creio que para você que está lendo agora, Deus também escreveu para a sua vida uma história que tem um final feliz.

A você que nasceu no berço cristão, quero deixar um conselho: não deixe que nada te paralise e tome cuidado com a procrastinação e a distração. Hoje meus filhos, graças a Deus, são servos da casa do Senhor e seguem seus sonhos profissionais: Eúde é presbítero, músico e empresário; Quézia é diaconisa, regente e está concluindo sua graduação em Direito, já atuante na área. Guarde isso: "Quando uma mulher se posiciona, as coisas acontecem".

Conhece a historia de Jonas? Ele é um personagem bíblico do Antigo Testamento, a sua atitude de rejeitar o PROPÓSITO de Deus para sua vida o levou a experimentar uma grande provação. A Bíblia nos informa que ele foi engolido por um grande peixe, entretanto, foi essa situação que fez Jonas, quando estava no ventre do peixe, mudar de ideia e o levou a tomar a decisão de buscar e cumprir o PROPÓSITO de Deus para sua vida.

Portanto:

- Ainda que você tenha escolhas;

- Ainda que você tenha vontade;

- Ainda que você tenha livre arbítrio,

Se você é escolhido de Deus, é o desígnio d'Ele que será determinado para sua vida.

Provérbios 19.21 (NVI): *"Muitos são os planos no coração do homem, mas o que prevalece é o propósito do Senhor".*

Jeremias 29.11: *"Porque sou eu que conheço os planos que tenho para vocês, diz o Senhor, planos de fazê-los prosperar e não de causar dano, planos de dar a vocês esperança e um futuro."*

Deus tem um propósito para sua vida, ele quer lhe abençoar. Podemos confiar em Deus porque seu propósito é nos mostrar seu amor e perdão. Todos temos propósitos para aquilo que fazemos. Quando nossos propósitos são bons e de acordo com a vontade de Deus, ele nos abençoa. Posicione-se, viva seu propósito, pois grandes coisas, pela fé, Ele fará.

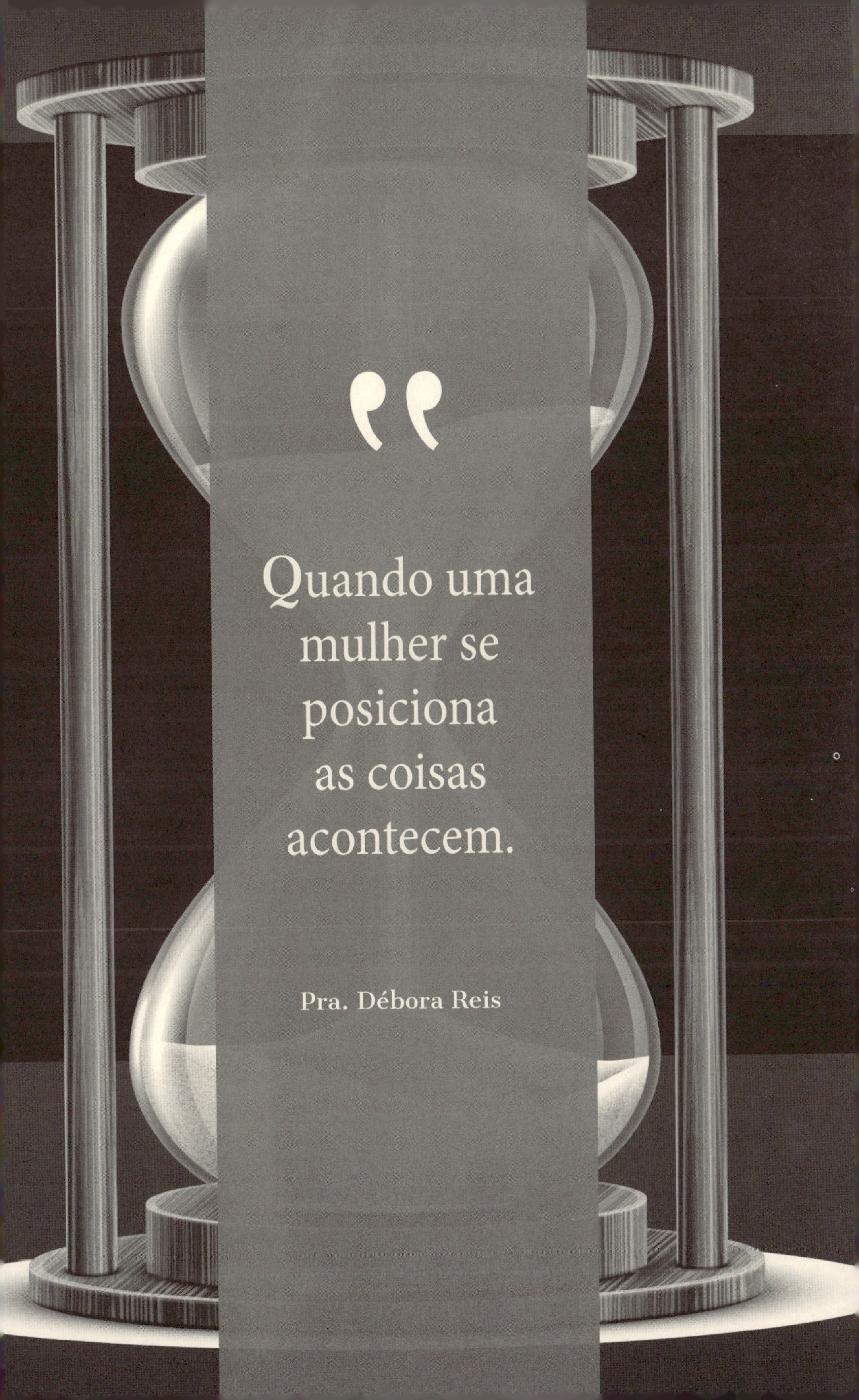

"

Quando uma mulher se posiciona as coisas acontecem.

Pra. Débora Reis

Pra. Edilene Mendes

Sou Edilene Mendes, natural de Aquidauana/ MS, resido em Campo Grande/MS com a minha amada família: meu esposo André Mendes, com quem sou casada há 18 anos, e meu filho Matheus Bertoldo Mendes.

Sou administradora e pedagoga de profissão atuando como diretora escolar em minha cidade. Pastora auxiliar no ministério Aliançados de Campo Grande, onde atuo como ministra de libertação e na área de aconselhamento feminino. Adoradora e pregadora da Palavra e das Boas-Novas do Senhor Jesus.

A minha jornada também teve altos e baixos, mas quando olho para trás, vejo o amor de Deus em cada detalhe, me impulsionado e me deixando forte para esse momento que estou vivendo e pelo que ainda virá.

praedilenesamendes

Pra Edilene Mendes

+55 (67) 99245-7400

A SUBMISSÃO ME TORNOU UMA MULHER FORTE

10

Por Pra. Edilene Mendes

Quando olho para minha vida, me recordo de tantos momentos que passei para conhecer minha real identidade. Tive uma infância tranquila, porém tive meus momentos de insegurança com minha imagem e o que a grande maioria das pessoas passa é problema de aceitação, de estar e ser pertencente a um grupo, e como isso abalou meu crescimento!

Amadurecer é um processo que não é fácil, mas é necessário. Me recordo de ouvir meus pais dizendo: "Estude muito para que não dependa de ninguém". Essa frase ficou interiorizada em mim, de forma que sempre pensei me tornar uma mulher empoderada e independente e esse foi meu alvo, como uma forma também de aniquilar aquela menina tímida e insegura da infância e adolescência.

Tenho muitas experiências com Deus em minha caminhada, desde o meu resgate ministerial até a cura de um câncer de tireoide, passando pela cura de meu filho, que na infância e pré-adolescência sofria com as dificuldades do diagnóstico de transtorno de déficit de atenção.

Vou relatar nessas linhas um pouco de como entendi meu papel como esposa, mãe e gestora do meu lar, pois entendi que meu primeiro ministério é minha casa e que antes de ser uma profissional de excelência, eu precisava cuidar do tesouro que Deus confiara em minhas mãos. *"Ora, se alguém não tem cuidado dos seus e especialmente dos da sua família, negou a fé, e é pior do que o infiel."* (1ªTimóteo 5:8).

O lar é um alicerce e minha função dentro dele pode não estar sendo delegada, mas a responsabilidade de cumprir os desígnios de Deus para mim e minha família estão sob minhas mãos e não posso terceirizar aquilo que Jesus me atribuiu como missão. Ao mesmo tempo que me vi crescendo profissionalmente, demorei para perceber que negligenciei um tempo precioso em família e que isso, pela graça de Deus, não causou um dano disfuncional em minha casa.

Me esforcei bastante nos estudos, pois aquela fala nunca saiu de minha mente: *"Estude para nunca depender de ninguém"*, e assim fiz, sempre acreditando que seria autossuficiente e crendo apenas em meus próprios méritos, me cobrando muito em tudo. Fiz faculdade de Administração e com a preocupação de ficar limitada profissionalmente, ampliei minha carreira para área educacional, onde me formei em Pedagogia e fiz pós-graduação em Gestão escolar. Nessa época, já estava casada e com um filho pequeno, trabalhava nas duas áreas, como assessora financeira e de planejamento, e ministrava aula.

A minha rotina era uma loucura, mal tinha tempo de estar com minha família e no pouco tempo que tinha, estava sempre cansada, almoçar durante a semana em família era impossível. Fora as atividades profissionais, sempre me dediquei à obra do Senhor e atuei em alguns ministérios, passei do ministério Kids para o de obreiros, por um tempo fiquei no ministério de louvor e assim fui criando uma jornada ministerial.

Nesse tempo, comecei a fazer um curso chamado Mulher Única e algumas aulas foram me confrontando como mãe, esposa e uma mulher de Deus. Era como se aquela fachada de mulher empoderada fosse caindo e o próprio Espírito Santo me apertando, para que eu entendesse que algo em minha vida precisava de uma transformação e que eu só atingiria essa plenitude tão sonhada quando de fato entendesse o que é ser a mulher preciosa de provérbios. Em Hebreus 4:12 diz: *"Porque a palavra de Deus é viva e eficaz, e mais cortante do que qualquer espada de dois gumes, e penetra até a divisão da alma e espírito, e de juntas e medulas, e é apta para discernir os pensamentos e intenções do coração"*.

A aula que me transformou se chamava "Submissão: plano de Deus", e quando fiz a primeira leitura, já pensei: "Não é possível!", quando chegou na aula aí piorou, confesso que aquelas palavras me cortavam de forma tão doída que eu ficava justificando para mim mesma: "Não, Deus permitiu que eu estudasse e quisesse alcançar esse lugar. Não é possível que terei que retroceder." Isso foi aula, aconselhamento, até eu realmente entender que eu estava mais preocupada com os padrões feministas da sociedade do que realmente com minha família, então percebi que meu coração não estava em casa, e sim na minha área profissional.

A submissão é o plano de Deus para a restauração de todas as coisas. O objetivo da submissão é libertar, e não escravizar. Muitas vezes, o erro nada mais é que a verdade levada ao extremo. A submissão da esposa ao marido demonstra sua submissão ao Senhor, é uma expressão espontânea de fé.

Efésios 5:22-24 diz: *"Vós, mulheres, sujeitai-vos a vossos maridos, como ao Senhor; Porque o marido é a cabeça da mulher, como também Cristo é a cabeça da igreja, sendo ele próprio o salvador do corpo. De sorte que, assim como a igreja está sujeita a Cristo, assim também as mulheres sejam em tudo sujeitas a seus maridos"*. Era como se as escamas de meus olhos caíssem e eu percebesse o quanto negligenciava a minha família para alimentar minhas próprias vaidades. Então, percebi que precisava fazer o caminho de volta com quem mais amava, percebi que muitas vezes precisamos entender que obedecer é melhor que sacrificar. Percebi que meu trabalho já havia se tornado um ídolo e que precisava obedecer a Deus, não como um fardo, mas com entendimento que Deus, através das renúncias que fazemos, nos honra.

Comecei a valorizar o tempo de qualidade com minha família, acompanhar momentos que já não tinha mais prazer em estar e isso foi maravilhoso. Entendi que a submissão é para mulheres fortes que sabem a diferença que podem fazer em uma casa. Uma mulher que não entende esse plano de Deus para nós jamais entenderá o que é se submeter a Deus de verdade, confiar sem ver, acreditar por ser guiada pela fé. O segredo é obedecer.

Na formatura deste curso, aproveitei a presença de meu esposo e meu filho e fiz um pedido de perdão a eles por ter priorizado outras coisas e negligenciado o meu principal ministério que é minha família, aproveitei, como um ato profético, e devolvi o cajado de autoridade do meu lar ao meu esposo. Foi um momento muito lindo de perdão entre nós, pois quando não entendemos a submissão, a tendência é que assumamos o comando da casa, de forma a controlar e manipular a vida familiar. Como eu trabalho fora, assim como meu esposo, meu entendimento era que o trabalho do lar deveria ser dividido com ele, pois me colocava nessa posição de provedora também, mas aí está a problemática, eu estava absorvendo funções demais e por isso estava sempre indisposta para o que era importante.

Deus é tão maravilhoso que em sua palavra diz que o fardo dele é leve e suave, porém, eu sentia o meu como um peso imenso. Quando entendi meu papel, a vida no lar se tornou mais leve. Isso não quer dizer que não devemos trabalhar ou buscar nossa realização profissional, não é isso, o que não se pode é negligenciar a familia. Entendi que minha principal tarefa era me planejar melhor, organizar a rotina, acompanhar os estudos do meu filho e sentir prazer em cuidar das roupas e da alimentação da família, afinal, que memória afetiva meu filho iria ter se eu não proporcionasse esses hábitos em casa?

E assim iniciei minha mudança, dizer que foi fácil não foi, mas a minha transformação mudou tudo em minha casa. A submissão a Deus tem prioridade sobre a submissão a qualquer outra pessoa ou coisa. Ela não pode servir de desculpas para fugir das responsabilidades, nem ser álibi para a fraqueza. Ao contrário, é uma demonstração de força. Sua submissão revela a sua sabedoria. Os maridos não cristãos, pela nossa submissão e pelo nosso exemplo, podemos levá-los ao Senhor. Em 1 Pedro 3:1 diz: *"Semelhantemente, vós, mulheres, sede sujeitas aos vossos próprios maridos; para que também, se alguns não obedecem à palavra, pelo porte de suas mulheres sejam ganhos sem palavra"*.

A sociedade contemporânea tem falado muito sobre o empoderamento da mulher, sobre a mulher independente nos mais variados aspectos. Faz-se exemplo de uma mulher empoderada aquela que adquiriu sua independência financeira, adquiriu a sabedoria de ser dona do próprio corpo, e não ser submissa ao marido, prezando pela igualdade dos gêneros. A clareza da submissão me mostrou a minha força. O objetivo da submissão é libertar e não escravizar. O entendimento errado ao longo do tempo deturpou e criou uma imensa barreira no coração das mulheres e dos homens em relação à submissão.

Você acha que passei a me sentir menos empoderada? A resposta a essa pergunta é não. Quando Deus criou a mulher, Ele a deu o papel de influência, a fim de auxiliar e ser facilitadora. A mulher empoderada no contexto bíblico é idônea, isso significa que ela é moralmente correta. O homem e a mulher foram criados para serem iguais em valor, mas diferentes em papéis. Me lembrei da Palavra, com tantos exemplos onde Jesus empoderava mulheres: a mulher samaritana, a mulher do fluxo de sangue e tantas outras que fizeram história eram fortes. Não porque confiavam em si mesmas, mas sim porque sua força vinha de Deus.

Esse é o verdadeiro empoderamento, reconhecer a sua fraqueza e saber que na força do Senhor você pode todas as coisas. A mulher tem o poder de construir ou destruir e isso é ser uma mulher empoderada: construir; ela investe na família e coopera com o marido. Mulheres empoderadas pela graça encontram forças em Cristo para rejeitar as ideologias mundanas e viverem segundo as Escrituras, são livres para desfrutar a alegria e o prazer de seus lares, são fortes na luta contra o pecado e firmes na defesa do Evangelho. Compreendem que sua força vem do Senhor e que estando protegidas e amparadas por suas fortes mãos jamais serão abaladas.

Te convido a vivenciar os frutos da mulher de Provérbios 31 e viver da graça de Deus sobre sua vida, ninguém nunca conseguirá explicar a paz que excede todo o entendimento que habita em nossos corações. Não há medo da morte, Jesus pagou o preço pelos nossos pecados e por isso hoje podemos nos deleitar na Palavra e ver a transformação acontecer nas nossas casas, nas nossas vidas e no nosso caráter, porque o trabalho é feito pelas Suas mãos e não pelas nossas. Viva essa plenitude em Deus!

"

Aumente a
frequência com a
palavra de Deus
e sintonize essa
conexão ao seu
coração, assim
você terá governo
de suas ações.

Pra. Edilene Mendes

Evelin Rozetti

Me chamo Evelin Rozetti, sou formada em Gestão de Pessoas, casada há 12 anos com o grande amor da minha vida, Luís Eduardo. Atualmente esperando a nossa promessa, o nosso bebê tão amado, sonhado e esperado.

Congrego atualmente na ADMRF - Assembleia de Deus Ministério Restaurando as Famílias, com os pastores Wagner de Oliveira e Luciana de Oliveira, lugar esse onde eu tive o meu casamento restaurado.

evelinrozetti

UM CASAMENTO RESTAURADO

11

Por Evelin Rozetti

Fui uma menina que até os meus 10 anos tive uma família tradicional aparentemente perfeita, até que um dia minha mãe saiu de casa, deixando eu e meu irmão com o meu pai. Na época, o meu irmão tinha apenas 3 anos. E de uma menina que entraria na fase da adolescência, já me vi tendo que pular essa etapa para um amadurecimento maior. Só que eu não estava preparada pra isso. Lembro muito bem, que muitas vezes tive que esconder as minhas emoções e o meu sofrimento para que meu pai e meu irmão não sentissem. Alguém precisava ser forte e eu escolhi ser.

Uma das coisas que mais me marcou foi que, como o meu pai trabalhava o dia inteiro fora, quando chegava à noite fazia a janta para ficar para o almoço. Na época, não tinha microondas, eu precisava esquentar a comida do almoço e "dava o meu jeito" para não preocupar meu pai. Eu girava o botão da boca fogão e enquanto isso ia jogando o palito de fósforo acesso, até acender a boca. As marcas do fósforo ficavam no fogão e eu limpava tudo para o meu pai não perceber. Até que um dia, ele chegou cedo em casa e viu aquilo, brigou comigo porque eu poderia ter pedido para ele me ensinar e que poderia ter causado um acidente muito grave.

Depois de um tempo, meus pais formaram outras famílias, mas eu nunca tinha conseguido perdoar a minha mãe pelo que tinha acontecido. Mesmo ela estando na minha vida presente, aquela mágoa ainda estava no meu peito. Passados alguns anos, conheci o meu esposo, e quando conheci a família dele, de uma certa forma aquilo me encantou, uma família bem estruturada, os pais dele estavam completando 25 anos de casados, os filhos felizes e cada um indo formar a sua família. Eu tinha um exemplo de lar que não tive. Sempre aos Domingos, todos se reuniam na casa da minha sogra.

Dos dois irmãos dessa família, o Luís foi o último a se casar, apesar de termos mais tempo de relacionamento do que os outros. Foi um casamento perfeito! Tudo o que Deus havia falado se cumpriu, todas as bençãos Ele nos deu, como a nossa casa, todos os móveis e a nossa festa de casamento. Nós vimos a mão de Deus em todos os momentos e em todos os detalhes.

Os nossos primeiros anos de casados foram anos difíceis, afinal, éramos duas pessoas dividindo a mesma casa, com manias, criações e trejeitos diferentes um do outro. Vivemos períodos conturbados, de muitas brigas, até que começamos a ouvir e a nos aconselhar com pessoas que nem se quer foram casadas um dia, pessoas que não tinham bagagem pra falar sobre casamento. E com o tempo, as brigas foram minando mais ainda o nosso casamento. Até que um dia, eu decidi por sair de casa numa dessas brigas, sem absolutamente nada. Não medi as consequências e não pensei no que estava deixando pra trás.

Depois disso, dei entrada no divórcio pela defensoria pública. E quando fomos chamados para a entrega de todos os documentos, uma mulher que estava fazendo triagem perguntou se tínhamos certeza do que queríamos fazer. Obviamente que a gente disse sim. Mas ela estava nos observando conversando, marcando até de ir almoçar depois dali. E ela disse que não parecia ser o que nós queríamos, que nós éramos um casal bonito, jovens e que poderíamos tentar mais uma vez e dar uma chance para o nosso casamento. E mesmo diante de toda insistência dela, optamos por continuar com o divórcio. Só que depois desse episódio, nunca mais chamaram a gente pra dar continuidade ao processo, foi como se nunca tivéssemos passado por ali.

Mesmo com a separação nunca, deixamos de nos falar e até algumas vezes nos encontrávamos. Mas ambos estavam vivendo uma vida de solteiro. E dentro de mim era um vazio, uma vida sem propósito e sem direção. Eu cheguei a visitar alguns lugares, igrejas e nenhum lugar me fazia querer permanecer. Meu pai conheceu a Igreja ADMFR por intermédio de sua prima Bárbara e no outro domingo, quando estávamos sentados na mesa almoçando, ele disse que todos iriam à igreja com ele naquele dia. Só que da família toda só fui eu e ele. Naquele dia senti algo diferente e sem pensar duas vezes, aceitei Jesus como meu único e suficiente Salvador.

Na semana seguinte, fui inserida pela pastora no Projeto Abigail, e cada vez mais eu estava participando ativamente das demais atividades na igreja. Fiz o curso Mulher Única, esse curso foi o divisor de águas pra que eu conseguisse enxergar os meus erros do passado no meu casamento, e foi através dele que consegui liberar o perdão para a minha mãe, depois de muitos anos. Na formatura do curso, convidei o meu esposo, achei até que ele não fosse, mas ele foi e me entregou o certificado, nesse dia eu dei meu testemunho e ele ficou até impactado com tudo o que ouviu.

Logo em seguida veio o meu batismo, num sábado, eu o chamei, mas nesse dia ele não foi. Eu fiquei muito chateada porque era algo importante para mim, mas ele preferiu ir a um show com os amigos. Na segunda-feira, eu o chamei para conversarmos, pois tinha surgido a oportunidade de alugar uma casa de uma amiga. Mas como eu não tinha mais nada de móveis, resolvi conversar com ele e fui surpreendida quando ele propôs que eu voltasse para casa, pois ele sabia que como eu estava fazendo curso, iria ficar muito apertada financeiramente. Mas a proposta era para que ficássemos como amigos, cada uma fazia suas compras, e que só compartilharíamos o mesmo teto. Eu pensei em falar algumas coisas, mas senti que não era o momento para isso. No dia seguinte, eu trouxe as minhas coisas para nossa casa, nem todo mundo sabia que eu estava ali.

Comecei a colocar em prática todo o aprendizado do curso Mulher Única no meu lar, comecei a me espelhar em Abigail como uma referência de mulher na Biblia, trazendo a paz para o meu lar. A nossa casa foi voltando a tomar forma de um lar, fazia mesa posta, para que voltássemos a comer na nossa mesa e principalmente cozinhava as comidas preferidas dele. Não tinha como ele negar. E no fundo eu sentia que ele estava gostando.

Ao mesmo tempo que íamos nos aproximando mais, sempre algo nos afastava, pois não estávamos andando na mesma direção. Como eu trabalhava ativamente na obra da igreja, muitas vezes, no dia de domingo, mal nos encontrávamos em casa. Nem sempre eu sabia onde ele estava, minha mente sempre ficava nele e com isso eu não estava conseguindo desenvolver as minhas atividades como deveria. Eu estava nos cultos de corpo, mas a mente estava voltada para ele. E cada vez mais eu via o meu sonho de ter o meu esposo comigo na obra se distanciando, já que todas as vezes ele se recusava a ir comigo. Pedi ao pastor para sair dos Pequenos Servos, projeto que eu fazia parte e aos poucos fui me afastando da igreja sem perceber.

Voltei às velhas práticas, a frequentar os lugares de onde Deus tinha me tirado. Dessa vez estava bebendo com meu esposo, que mal tinha, né? Se eu estava com ele, na minha mente estava tudo bem. E aos poucos, o vazio em mim foi voltando, a paz já não reinava em nosso lar. O nosso sonho de ter filhos ia se tornando cada vez mais distante.

Quando eu saí da igreja, o Projeto Restaurando Mulheres estava apenas começando, eu vi o projeto nascendo, ainda quando a pastora Luciana ministrava sobre a vida dessas mulheres com a porta fechada. E com a pandemia vieram as *lives*, comecei assistindo e quando começaram os encontros presenciais recebi o convite da missionária Ingrid, que era a minha líder do Projeto Abigail e que nunca desistiu de mim. Sempre quando tinha o encontro, ela me avisava que já tinha feito minha inscrição e que queria me ver lá.

No dia 27 de maio de 2023, fui para mais um Restaurando Mulheres, eu sentia que não seria uma noite qualquer. Comecei a sentir a presença de Deus antes mesmo de sair de casa, um arrepio e a certeza de que eu precisava tomar uma decisão, o tempo estava passando e eu não poderia mais continuar do jeito que estava, a minha vida não podia mais continuar sem sentido. Até que na hora do apelo, voltei para Jesus, para o lugar de onde nunca deveria ter saído. Deus usou a missionária Raíssa para falar de todas as suas promessas e de tudo novo que ele faria na minha vida. Ele me deu um prazo de que em 3 meses eu iria gerar, e que nada estava atrasado, que tudo era no tempo d'Ele. Cheguei em casa e já contei ao meu esposo que eu tinha voltado para a igreja e que nesse ano o nosso milagre iria chegar, mas não quis falar para ele o tempo, para não gerar ansiedade nele.

E assim aconteceu, depois de três meses, o nosso positivo chegou. O meu esposo tem vivenciado experiências com Deus e mesmo que ele ainda não tenha aceitado Jesus, sei que é só uma questão de tempo, pois Deus tem promessas lindas na vida dele. E eu creio que muito em breve poderei dizer:

"Eu e a minha casa serviremos ao Senhor!" Josué 24:15

"A restauração de um casamento não é uma opção, e sim uma decisão. Deixe que Jesus conduza a sua história, através do amor, do perdão e da cura.

Evelin Rozetti

Fabi Soares

Olá, sou a Fabi Soares, tenho 36 anos, filha de um Deus grande e bondoso. Sou uma mulher imperfeita e improvável, mas escolhida para viver as maravilhosas promessas do Senhor. Casada há 14 anos com o amor da minha vida, o presbítero Silvino Soares, diaconisa, servimos juntos como auxiliares dos pastores na Assembleia de Deus Campo Grande, Congregação Arnaldo Eugênio, onde congrego desde os meus 9 anos.

Mãe das lindas princesas Beatriz e Gabriele que são presentes de Deus, filha do irmão Fábio (*in memoriam*) e da diaconisa Lúcia. Irmã da Luciane e tia do príncipe mais lindo e fofo do mundo que se chama Guilherme.

Sou pedagoga e atuo no serviço público como professora de educação infantil.

Eu sou apaixonada por Jesus, o único que tira do monturo o necessitado e o faz assentar-se com príncipes e princesas. Jesus é a Fonte Inesgotável!

fabianelssoares

Fabi Soares

+ 55 (21) 99593-1959

ELE ME ENCONTROU E EU ME ENCONTREI NELE 12

Por Fabi Soares

Todos os nossos dilemas não são páreos ao amor de Jesus por nós! Ele sempre estará de braços abertos para nos acolher, apesar de nossas falhas e defeitos. Nada poderá nos separar do amor de Deus! Nasci em Niterói e tive o privilégio de ser criada na igreja! Minha mãe era evangélica, mas meu pai, não. Quando nasci, meus pais não eram casados. O casamento aconteceu mais tarde, quando eu tinha 9 anos e assim nos mudamos para Campo Grande/RJ.

Quando criança, passei por momentos conflituosos em família que marcaram muito a minha vida. Desenvolvi uma ferida de rejeição que tornou-me uma adolescente um pouco rebelde, gerando em mim carência emocional e uma necessidade muito precoce de me relacionar sentimentalmente, resultando em relacionamentos tóxicos que desencadearam uma série de consequências emocionais. A ferida que já estava aberta, cresceu mais ainda. Sonhos foram desfeitos. Todas as vezes que Deus permite uma ferida de rejeição, traição e abandono, é para trabalhar algo em nós, para que possamos aprender a dependermos totalmente d'Ele. Quando colocamos pessoas ou coisas no lugar que só Deus pode estar, saímos feridos. A queda é grande. Cristo é o único em quem podemos firmar os nossos pés. Ele é a Rocha inabalável!

A dor da solidão foi grande e com isso comecei a desenvolver um comportamento diferenciado, que demonstrava uma autossuficiência, mascarando alguns sentimentos. Comportamento este que me deu o rótulo de "metida" e "antipática". As pessoas nos olham por fora, nos julgam e se afastam, mas somente Deus conhece o nosso interior e, mesmo assim, decide ficar. Eu tinha muita dificuldade de me relacionar e estabelecer amizades sadias. Desconfiava de tudo e de todos.

Vivenciei muitas dificuldades financeiras: olhava vitrines, mas o que tínhamos eram as roupas usadas que minha mãe trazia da casa da moça em que ela trabalhava e eu usava com muito prazer, pois era providência de Deus para nós. Desejava fazer cursinhos, mas não tinha dinheiro nem para tirar as xérox que a escola pública pedia. Ainda na adolescência, o sono não vinha, então forçava meus pensamentos: imaginando como seria se tudo fosse diferente! Todas as circunstâncias em que eu estava inserida me levavam para um caminho leviano cheio de ressentimentos, para longe do Senhor. Sem perspectiva nenhuma de futuro, Jesus me encontrou! Ele chegou primeiro.

Desde muito nova, Deus já tinha me dado muitos livramentos: me livrou de um incêndio em meu quarto, junto com minha irmã, me livrou de uma patologia no coração quando criança, de relacionamentos abusivos e sem futuro nenhum... Com certeza, Ele tinha um propósito! Aos 16 anos, lembrando-me desses fatos, tive a sensação de que eu não estava mais sozinha. *"Quero trazer à memória, aquilo que me dá esperança!"* (Jer. 3:21). Olhando da janela, me deparei com o céu estrelado e uma lua enorme! Recordei-me da Bíblia da Criança (como faz diferença, a palavra de Deus inserida na vida de uma criança), nela tinha a história onde Deus mandava um homem contar as estrelas do céu. Também tinha um menino que sonhava e que havia ganhado uma túnica do seu pai, que o amava. Havia também uma moça ao qual foi escolhida entre tantas outras pelo rei e se tornou uma rainha.

Lembrando-me dessas histórias que lia na minha infância, tive a minha primeira experiência genuína com a oração: "Deus, se o Senhor está me vendo, me dá um sinal e muda minha história! Amém." Enxuguei minhas lágrimas e fui dormir. Eu não sei o que aconteceu, mas depois daquele dia, eu tive a plena certeza de que eu não estava mesmo sozinha! Jesus sempre esteve comigo, antes mesmo de ser gerada, Ele já me conhecia!

Mas o cenário ainda era de fraqueza, limitação e impossibilidades. Então, Deus começou a me dar sinais: ativou o modo profético em minha vida (está ativado até hoje). No ano de 2004, estava com 17 anos e o Senhor disse: "Mudarei a tua história. Sararei as suas feridas! Te colocarei em um lugar de honra. Um casamento, uma família, uma casa, um emprego e um ministério. Assim como fiz com Abraão, José e Ester, farei com você! Você nunca mais será chamada 'abandonada', nem 'desamparada'. E digo mais:

escreva o que queres e o jeito que queres e principalmente: ESCREVA o que Eu falo com você! " Aleluia! Deus respondeu com detalhes a minha oração. Como não acreditar nesse Deus que nos vê quando ninguém mais nos vê?

Essa foi uma das promessas que Ele me fez entre tantas outras que tem feito até hoje. Eu escolhi crer e obedecer. Como Ele havia ordenado, escrevi tudo da forma que eu queria. Até minha casa eu desenhei e especifiquei a cor: rosa! Caderninhos surgiram! E assim o Senhor fez: Conheci meu esposo Pb. Silvino, homem lindo e abençoado, servo de Deus (outra história totalmente improvável, porém Deus não só une pessoas, Ele une propósitos), tive minhas filhas, princesas lindas, Beatriz e Gabriele, presentes do Senhor; um emprego público, carro, terminei a faculdade... e a minha casa rosa! O Senhor me concedeu tudo o que havia prometido e do jeito que descrevi. Parecia mágica, mas não era! Era Deus ativando o sobrenatural através da minha fé e obediência! "Se Deus te fizer uma promessa, acredita!" (Camila Barros)

O Senhor ouviu minha oração e mudou o rumo da minha história! Ele sempre nos vê nos piores momentos de nossa vida. Desde então, comecei a ter experiências através da oração. Recebi muitas bençãos! Mas Deus não nos chama somente para nos relacionarmos com suas mãos, mas para revelar-nos a sua face! Apesar das bençãos alegrarem nossos corações de filhas, é necessário passarmos pelo processo de santificação e cura da alma para vivermos plenamente os propósitos de Deus. Evangelho não é somente benção: é renúncia, é obediência. Evangelho é transformação!

Depois de estar com a vida estabilizada, com as bençãos adquiridas, a cura era necessária. O caráter precisava ser moldado. Deus me virou do lado avesso e mostrou-me tudo o que estava oculto e que não pertencia a Ele. Eu estava presa nas cadeias da religiosidade, totalmente sem frutos. Uma série de erros, frustrações, fracassos, falta de equilíbrio e de inteligência emocional quase fizeram minha casa e tudo o que estava a minha volta ruir. Foi doloroso demais me dar conta de como eu estava, mesmo pertencendo à igreja. Crises de ansiedade, depressão, pânico... tudo isso vivi silenciosamente. Os únicos que sabiam eram meu esposo e filhas. Ninguém podia me ajudar. Nem eles! Era um tratamento entre Deus e eu. Eu não entendia o porquê de estar passando por tudo aquilo, se eu ouvia o Senhor falar comigo, orava, lia a Bíblia, jejuava. Eu fazia "tudo certinho". Eu estava igual a Elias: "Só existe eu, Senhor!" Procurei uma caverna na qual só Deus e eu sabiam que existia. Me afastei de pessoas e me perdi de mim mesma. Foi horrível! Ninguém me via. Mas Jesus estava lá. Deus permitiu essas crises para me mostrar o que existia dentro de mim e que nada do que eu tinha pertencia a mim, mas a Ele. Nem a minha própria vida. Era tudo d'Ele e nada poderia me separar do seu amor forte, infinito e incondicional. Eu não estava mais recebendo bençãos através da oração, estava aprendendo a guerrear. Relacionamento, intimidade, profundidade! Uma vez que decidimos colocar os pés nas águas, Ele sempre nos convidará a sair do raso.

Numa madrugada, em 2019, Jesus me despertou para orar. Então abri a Palavra em João 4: o diálogo de Jesus com a mulher samaritana. Ao ler cada palavra da história, chorava desesperadamente! Rios de águas vivas estavam jorrando da Palavra, direto ao meu coração. Sim, Jesus cura através de sua Palavra. Eu já li muitos livros de autoajuda, mas a Palavra de Deus continua sendo a ajuda do Alto! Ele tira sim, do monturo, o necessitado e o faz assentar-se com príncipes e princesas. Mas Ele também nos confronta com a verdade sobre nós. Não dá para nos encontrarmos com Jesus e continuarmos os mesmos; desejarmos as suas mãos e rejeitarmos a sua face. Naquele dia, me senti bem perto d'Ele: amada, aceita, perdoada e pronta para viver o novo, lidar com as colheitas e semear novas sementes! Jesus me encontrou e eu me encontrei Nele! Então, voltei a escrever.

Cântaros vazios e pesados, dependência da água do poço? Nunca mais! Eu tenho a Fonte Inesgotável todos os dias ao meu dispor saciando a minha sede. Uma busca desenfreada por fama, prazeres, riqueza, posições, *status*, agendas anulam o espaço para dialogarmos com Jesus e entendermos a sua vontade. Nada disso é proibido, mas jamais preencherá um coração que pertence a Deus. Nem maridos, filhos, casas, carro, empregos. O vazio do coração do homem é do tamanho da presença de Deus. Primeiramente devemos nos satisfazer n'Ele! Glorifiquemos a Deus pois os processos forjam o nosso caráter e nos preparam para vivermos a boa, perfeita e agradável vontade do Pai. Ele é fiel e cumpre suas promessas. Quando Deus escolhe, Ele garante e capacita.

Ninguém invalida os planos do Senhor! Não precisamos correr atrás das bençãos de Deus, pois elas sempre chegam até nós! Vale a pena servir a Cristo! Vale a pena renunciar, resistir e obedecer, afinal, foi exatamente isso que Jesus fez por nós. Se padecemos com Cristo, participaremos de sua glória também! Ele continua sendo o mesmo: Amigo Fiel! Ele cura, salva e liberta.

Eu estava totalmente escondida, desacreditada e limitada. Eu só tinha a promessa de que Deus me faria chegar aonde eu não imaginava que chegaria; que eu não ficaria esquecida e que Ele visitaria a minha posteridade. Aqui estou eu, vivendo mais uma promessa: uma mulher improvável, mas escolhida por Deus, para participar desse lindo projeto, com mulheres incríveis, ESCREVENDO a história de Jesus em mim. Gratidão a Jesus por tudo e pela Pra. Luciana que foi o canal que Deus usou para realizar essa promessa em mim. "Ele te encontrou!", disse ela.

Acredite nas promessas do seu Pai. Busque a Ele! Não importa o tempo ou a situação em que estejamos, Jesus sempre nos encontrará! Ele nos ama e não se esquece dos seus. Tem coisas que só Jesus faz. Ele não desistiu de mim e jamais desistirá de você! Ele não desistiu de sua Noiva: breve Jesus voltará para encontrá-la! Que a paz do Senhor Jesus Cristo esteja sempre com vocês! Deus abençoe! Até mais!

"

Relacionamento, intimidade, profundidade! Uma vez que decidimos colocar os pés nas águas, Ele sempre nos convidará a sair do raso.

Fabi Soares

Pra. Helizete Batarse

Prazer! Sou Helizete Cardoso Vacário Batarse, nascida no interior do Paraná, na cidade de Ivaiporã, filha de João Vacário (*in memorian*) e Ana Alice Cardoso. Tenho 43 anos, sou casada com Ricardo Batarse há 26 anos, temos duas filhas, Amanda Batarse Rocha com 22 anos, casada com Isaque Rocha há 1 ano e meio e a nossa pequena Alana Batarse, com 5 anos.

Sou pastora da Igreja do Evangelho Quadrangular Palhano, juntamente com meu esposo há 10 anos e estamos no ministério pastoreando há 25 anos.

Formada em Teologia pelo Instituto Teológico Quadrangular e líder local de mulheres.

helizetebatarse

mulheresacimadamediaoficial

helizetebatarse@hotmail.com

Helizete Batarse

+55 (43) 99623-0620

MILAGRES ACONTECEM

13

Por Pra. Helizete Batarse

Se alguém me dissesse há algum tempo atrás que hoje eu estaria vivendo o que estou vivendo, eu diria que seria impossível. Não sou cristã desde berço, mas conheci a Jesus ainda na infância, quando minha mãe, buscando uma cura pra minha vida, chegou até a um culto familiar e desde então um processo de cura, libertação e transformação começou. Vou contar aqui um pouco da minha trajetória de vida.

Aos 2 anos de idade, fui diagnosticada com osteomielite (uma inflamação nos ossos) no meu joelho. Há 40 anos, ainda não existia a medicina que temos hoje, naquela época o médico enviou minha mãe para a cidade de Londrina/PR, para uma amputação do membro afetado com a doença. Mesmo sem conhecer a esse Jesus, mas pela fé que ela tinha da maneira dela, ela buscou em Deus e não amputaram a minha perna. Como se não bastasse, a mesma doença foi diagnosticada no braço também. Com tudo isso e ficando muito tempo hospitalizada, fiquei com bronquite crônica asmática, e foi devido a tantas crises respiratórias e dores no braço e na perna que minha mãe chegou até Jesus. Nessa época, eu já estava com 7 anos.

Aos meus 10 anos, fui batizada nas águas com autorização dos meus pais e com a benção do meu pastor, Pr. Paulo Barroso (*in memorian*). Agora, servindo a Jesus, continuamos buscando em Deus a cura por completo na minha vida e hoje posso dizer que Jesus me curou.

Não fiquei com nenhuma sequela na perna e nem no braço e nunca mais utilizei nenhum medicamento ou bombinha para asma.

Como disse, o processo começou, alcancei a cura, mas ainda havia um caminho para continuar percorrendo e vencer muitos obstáculos, e um deles era a timidez. Não era vergonha simplesmente, era algo que me paralisava e com isso, vinha a insegurança e o medo. Minha mãe até então era minha base, não conseguia ver em meu pai um exemplo, pois por muito tempo ele foi alcoólatra.

Aos 15 anos comecei a namorar e aos 17 anos me casei e não tenho dúvidas que este foi um propósito de Deus para nossas vidas. Hoje tenho uma linda família que é sim meu orgulho. Meu esposo é um ex-jogador de futebol que havia abandonado sua carreira para se dedicar ao ministério e quando casamos ele já estava fazendo o seminário teológico. Um ano após nosso casamento, meu esposo abriu a primeira igreja onde começou a pastorear na cidade de Cambé/PR.

Eu trabalhava em uma loja no comércio da cidade, meu esposo trabalha com representação comercial e pastoreava. Como eu disse, **ele** era o pastor. Eu me comportava como um membro da igreja, ajudava com as crianças, limpava, organizava, mas não me via como pastora. A timidez ainda era algo muito presente na minha vida, não conseguia conversar com as pessoas, não me imaginava sendo uma conselheira nem com os mais novos, tendo em vista que eu tinha 18 anos apenas. Estar à frente de pessoas, falando em público, sendo o centro das atenções era algo improvável para mim.

Quantas vezes pessoas vieram até mim para pedir uma oração, um conselho e eu direcionava para procurar o pastor ou algum outro obreiro, nem me chamarem de pastora eu deixava. E por muitos anos foi assim.

Quando já tínhamos 3 anos de casados, decidimos então engravidar como qualquer outro casal. Até quando comecei a passar muito mal e com muitas dores abdominais, fui ao médico, e no ultrassom descobri que *estava* grávida, isso mesmo, no tempo passado. Eu estava com uma gravidez ectópica. É claro foi um choque para mim, eu estava ali sozinha, meu esposo em uma conferência em São Paulo, eu tinha que entender tudo o que estava acontecendo: era a notícia da gravidez que já havia perdido, e que dali mesmo eu já iria para o centro cirúrgico.

Sabe quando parece que você está em um barco e se depara no meio da tempestade? Nessa hora, o que temos de mais seguro é Jesus. Assim como Ele livrou os discípulos na tempestade, assim foi comigo. Passei pela cirurgia, meu esposo chegou no dia da alta do hospital. O médico disse que tudo foi perfeito e que, como eu era nova, tudo era mais fácil, eu poderia fazer um tratamento e logo tentar engravidar novamente. O processo nunca é tão simples, processos causam dores, mas também aquilo que não nos mata nos fortalece. É claro que muitas vezes questionei a Deus o "porquê", quis achar um motivo, um culpado ou qualquer coisa que trouxesse uma resposta.

Como Deus é o Deus do impossível, 6 meses depois eu descobri que estava grávida novamente. Foi tudo muito lindo, sem nenhuma complicação e nasceu então a nossa filha Amanda Karoliny Batarse. A filha digna de ser amada, para curar toda a dor, suprir toda minha carência e tratar aquilo que ainda tinha na vida de timidez, que me impedia que fazer a vontade de Deus. A cada dia agradecia ao Senhor por este milagre e me dediquei a cuidar dela. Falar que educar filhos é fácil, eu estaria mentindo, pois mesmo estando na igreja, ensinando os princípios da Palavra, existem os desafios. Hoje eu posso dizer: valeu a pena! Agora Amanda é casada, meu genro é um homem de Deus e juntos eles estão fazendo a história deles, dando continuidade ao legado ministerial.

Poderia ter parado aqui, estava tudo tão lindo assim! Mas ainda havia muita coisa para se cumprir em minha vida, e a obra de Deus não para. E quando entendi que a minha vida está nas mãos de Deus, que o meu caminho, minha trajetória, minhas curas, libertações, superação, tudo que já passei não foi para me matar e sim me fortalecer e poder ajudar muitas mulheres que vão passar por situações parecidas. Então, estar ao lado do meu esposo pastoreando, fazer teologia, assumindo responsabilidades, passou ser também o meu chamado.

Estava servindo a Jesus literalmente em tempo integral, auxiliando no chamado pastoral, implantando igrejas e mais igrejas, vendo a obra de Deus crescer, parecia que nada mais poderia dar errado. Então, tentei engravidar novamente e aí descobri um turbilhão de problemas.

Começou em minha vida uma fase nova no processo de alcançar meu milagre, o desejo de ser mãe novamente me fazia a não desistir. E por anos tentando engravidar fui descobrindo que tinha alguns problemas como: síndrome dos ovários micro policísticos, não tinha ovulação (lembrando que já havia perdido uma das trompas), tive endometriose. E durante esses anos busquei fazer os tratamentos possíveis: fiz cirurgias que eram necessárias e engravidei, mas tive aborto, precisei fazer uma outra cirurgia, foi muito traumático, pois nesse mesmo tempo meu pai faleceu e meu emocional não estava bem.

Ainda assim eu carregava a promessa que seria mãe pela segunda vez e não desistia mesmo quando as notícias sempre eram desfavoráveis, parecia que cada ida ao médico ele descobria algo que me impedia e tornava meu sonho impossível. Nessa época, eu já tinha uma aliada nas intercessões, Amanda já estava com 14 anos e sempre orou pra ter uma irmã e estávamos empolgadas preparando uma festa de 15 anos para ela, quando descobri que estava grávida e mais uma vez tive um aborto. Esse já era o terceiro e mais uma vez precisei de cirurgia. E agora com um parecer do meu médico me dizendo que não tinha mais tratamento possível a ser feito, minha trompa estava atrofiada pela endometriose e sem trompa não poderia gerar filhos.

Chorei muito, é claro, parecia que meu sonho havia morrido ali. Dentro de mim era uma luta de sentimentos, em acreditar que era uma promessa do Senhor pra minha vida e aceitar o que o médico disse: "Acabou". Como uma serva de Deus, não queria ser ingrata a Ele pela filha que eu já tinha, mas queria continuar carregando essa promessa. Então somente me calei, continuei minha caminhada, me dediquei a minha filha, fiz tudo o que ela queria para a festa de 15 anos e como só teria ela mesmo, decidi investir no sonho dela. E dentro do meu coração não deixava a promessa morrer.

Quinze anos de busca e espera já tinham se passado desde que decidi que queria um 2º filho, foi quando sem sequer eu imaginar, fazendo um exame, descobri que estava grávida. Detalhe: como "não" teria mais filho pela medicina, eu tinha feito há 6 meses uma cirurgia plástica (mastopexia com prótese). O medo, é claro, tomou conta do meu coração, já me via passando por tudo novamente: aborto, médicos, exames e cirurgia. Ah! Mas agora era a hora do meu milagre, quando tudo e todos disseram que havia acabado, Deus veio e disse: "Agora é hora de recomeçar." E eu recomecei. Aos 38 anos tive uma gravidez perfeita de 39 semanas, onde nasceu uma linda menina do jeitinho que eu sonhava, Alana Cardoso Batarse (seu nome significa "marco de conquista"). E ali nasceu também uma nova mulher, uma nova mãe, esposa, uma pastora e pregadora, um novo tempo começou, não só na minha vida, mas tocou vidas de pessoas que estavam perto, em nossa igreja nasceu um novo tempo. Deus não só realizou o milagre na minha vida, fazendo da estéril mãe de filhas, mas como fez eu me levantar com autoridade, podendo dizer sem nenhuma dúvida que SONHOS SE REALIZAM.

Deus, em sua infinita misericórdia, realiza os desejos do nosso coração e eu hoje vivo os milagres de Deus na minha vida. Agradeço por cada luta, pelas dificuldades que passei, pelas perdas, pelo choro, pois tudo mesmo, pois isso foi necessário pra me tornar quem eu sou hoje. E estar aqui contando para você um pouquinho da minha história é mais uma prova de que **a obra de Deus não para em nossa vida!**

"

Acredite na sua promessa, não desista no processo e veja seu sonho se realizar.

Pra. Helizete Batarse

Hendyel Reis Fernandes

Hendyel Reis Fernandes hoje com 28 anos, casada com Jhordan Fernandes, nascida e residente da cidade Rondonópolis/MT. Sempre fui incentivada pela minha mãe e meu esposo a compartilhar minhas experiências com Deus, tendo uma jornada espiritual como parte vital de minha identidade.

Além de arquiteta apaixonada pelo poder transformador do design e da estética, valorizo assuntos de moda e decoração. Mas antes de tudo, comprometida com o Reino de Deus, me vejo como uma filha amada d'Ele, buscando compreender o propósito divino em cada dia e estação da minha vida.

Com uma abordagem centrada na fé, sigo inspirando os outros a descobrirem o valor do propósito e da beleza em suas próprias vidas.

Para me acompanhar mais de perto acesse meu Instagram:

hendyel.arquiteta

DE VOLTA AO JARDIM

14

Por Hendyel Reis Fernandes

Esse livro surgiu em minha vida como uma resposta para tentar entender o significado do turbilhão de emoções que me envolviam, e como eu poderia me libertar delas ou simplesmente aprender a conviver com elas.[1] Portanto, minha querida amiga leitora, prepare-se para confrontar a verdade sobre quem você realmente é e o que está prestes a descobrir. Mas não se preocupe, tudo acontecerá com muito amor, descontração e uma pitada de romance - ou melhor dizendo, com muito romance e lealdade, para que eu também possa abrir meu coração para você.

Não sei se você é uma amante dos romances ou se já foi como eu, que os romances são para adolescentes. Sim, eu fui essa pessoa totalmente romântica, que se escondia por trás de uma fachada de garota durona. Cheguei a afirmar, aos meus 15 anos, que seria capaz de dispensar flores se um rapaz me presenteasse, por considerar todo esse romantismo repugnante, embora nunca tivesse recebido nenhuma até então. Hoje é diferente, adquiri coragem para admitir que sou uma daquelas garotas que reconhece o valor de uma flor. Na verdade, não sei onde surgiu essa mentira de que garotas românticas são mais ingênuas, digo isso porque sempre foi o que eu pensava. Mas, com o tempo, compreendi que ser romântica, delicada e sensível é uma virtude desta criação divina chamada mulher, que carrega consigo muita coragem, ousadia e fé.

---

1 - Capítulo extraído do livro "O que Ele pensava quando criou as mulheres?" da própria autora Hendyel Reis Fernandes

Quando o Pai pensou em nós, desde o início Ele deixou bem claro, antes mesmo de nossa criação, que não era bom que o homem estivesse só; "far-lhe-ei uma ajudadora que lhe seja idônea" (Gênesis 2:18). O propósito da criação da mulher era torná-la uma auxiliadora, alguém com capacidade igual, já que, se buscarmos o significado de auxílio, veremos palavras como reforço, subsídio, amparo e socorro. Nunca foi intenção do Criador nos fazer inferiores aos homens, pelo contrário, sempre foi Seu desejo nos fazer à Sua semelhança.

A realidade é que a noção de inferioridade feminina que passamos a enfrentar foi desencadeada pela queda do homem no jardim, quando Adão e Eva, em um momento de fraqueza, cederam às tentações de Satanás e desobedeceram a um mandamento do Senhor, provando o fruto da árvore do conhecimento do bem e do mal. Arrisco-me a dizer que esse evento abriu caminho para que o homem privasse a mulher de seu espaço na sociedade, considerando-a a culpada, mesmo sabendo que Adão tinha capacidade suficiente para evitar a desobediência e ainda direcionar sua esposa para o caminho da excelência.

Você percebe, minha amiga, como carregamos as consequências de um rumo tomado na história devido à inversão de papéis do homem e da mulher? Vemos uma Eva assumindo as decisões e um Adão sem posição. E, posteriormente, milhares de mulheres tiveram seus direitos e vozes suprimidos na sociedade. Parece até que foi um castigo, nos limitando em tantos aspectos na sociedade, como se tudo o que fizéssemos resultasse em caos. Acho até que foi nesse momento que surgiram comentários como "Mulher só serve para procriar e cuidar dos filhos", como se isso fosse algo ruim ou restritivo.

Mas, de repente... Adoro essa expressão, acho que é sempre assim que Ele age em nossas vidas, não é mesmo? Pois é, de repente, aparece nosso redentor, o resgatador de nossos direitos e voz. O Messias surge contradizendo todo o contexto da identidade da mulher, conversando com mulheres em público, perdoando mulheres, curando mulheres, testemunhando para mulheres, algo que as mulheres nunca haviam experimentado antes. É o Renovo se manifestando, literalmente, a renovação de nossa identidade que havia sido roubada desde a queda no jardim. Imagine comigo essa cena linda, nosso mestre Jesus abrindo os portões do Jardim do Éden para nós e dizendo: "Bem-vindas de volta, minhas amadas." Que romântico! Tão lindo na teoria, mas nem tanto na prática, pois os homens continuaram a nos privar de muitas coisas na política, educação e trabalho, mesmo com o Renovo mostrando como deveríamos ser tratadas.

É por isso que hoje lidamos com mulheres que sobrecarregam seus próprios direitos e acabam entrando em um lugar de desgaste emocional, tudo porque deixam de viver o que é parte de sua identidade. Agora eu te pergunto: de qual grupo de mulheres você faz parte? Das mulheres privadas, expulsas do jardim, as revoltadas e extremistas, ou das mulheres que aceitaram o convite para desfrutar novamente do jardim?

Se você se identifica com o estilo de vida da mulher sofrida, infeliz e reprimida pela sociedade, seja ela familiar com um esposo, pai ou irmão, submetida a humilhações físicas ou emocionais e com limitações de sonhos, desejos e vontades, certamente você se enquadra no primeiro grupo de mulheres que se consideram privadas e responsáveis pela expulsão do jardim. Pode parecer exagero para alguns, mas infelizmente o mundo está cheio de mulheres que escolhem ou não conseguem escapar desse estilo de vida. Mulheres que sofrem caladas, suportando maus tratos, humilhações e restrições. Dirijo-me a você com muito amor e digo, minha amiga, Deus não desejava vê-la vivendo essa vida quando a criou. De modo algum, o futuro que Ele promete são "planos de paz e não de mal, para dar-lhe um futuro e uma esperança." (Jeremias 29:11). É hora de rejeitar esses sentimentos de inferioridade ou incapacidade que assombram sua mente e abrir espaço para as verdades do amor de Deus por cada detalhe do que você é.

Quando aceitamos essas mentiras, elas se tornam verdades vividas que distorcem a vida abundante que Deus planejou para nós. Portanto, toda vez que se sentir indigna, desafio você a fazer algo que mudou minha vida. Quando me vejo dominada por esses pensamentos que tentam me parar ou me afastar de minha identidade como filha amada e desejada por meu Pai celestial, a primeira coisa que faço é procurar um banheiro ou um quarto com espelho, tranco a porta e olho fixamente nos meus olhos e digo: "Esta não é a Hendyel que Deus criou, de jeito nenhum, você é muito melhor do que isso, Deus é perfeito em tudo o que faz, então tenha domínio próprio e reflita Jesus". Parece loucura, mas funciona, acredite! No momento em que eu estava no início da depressão, foram atitudes como essa que me fizeram não desistir e caminhar de mãos dadas com o Senhor em direção à luz no fim do túnel chamada vida abundante.

Minha amiga, somos humanas e os humanos têm esses sentimentos, mas apenas aqueles que se deixam guiar por Deus não se entregam nem se desesperam quando eles aparecem. Por isso, se você muda por dentro, as coisas mudam por fora. Se você se posiciona para não aceitar esse tipo de vida ou ser tratada assim, certamente o caminho será frutífero, mesmo que sair da zona de conforto ou ir contra as circunstâncias seja desgastante, Deus está de braços abertos esperando por você para abrir os portões do jardim. Deus deu a você capacidade e autoridade para mudar essa situação, persista, creia e desfrute.

Agora, se você faz parte do grupo de mulheres revoltadas e extremistas que, na busca por igualdade de direitos, geraram superioridade, tenho algo muito duro para dizer: você precisa de ajuda tanto quanto a mulher inferiorizada. Sim, tudo o que é contrário ao Eterno é distorcido e perdido. Lembre-se de que a mulher foi criada para ser a auxiliadora do homem, e não responsável por ele. Aquela que caminha ao lado, não à frente. Aquela que ajuda, não sustenta a casa sozinha. Aquela que soma, não divide. Quando você assume um papel que não é seu, você não vive seu propósito de vida e sabe o que isso significa? Ser infeliz. Você pode acreditar ou não, esse é seu direito, mas saiba que ao adotar essa posição você nunca se sentirá completa e realizada.

Não se engane, as duronas são as mais sensíveis. Estão sempre envolvidas em histórias de pais ausentes, pais sem autoridade, pais que não proveem, ou maridos, namorados, irmãos ou homens que as feriram profundamente, o que desencadeia esse espírito de superioridade. Um sentimento terrível de mostrar que não precisam deles. Em parte, sozinhas até podem conseguir, mas com eles como autoridade ou proteção será muito mais fácil. Não generalize, nem todos são iguais. Não são todos agressivos como seu ex-noivo, não são todos desonestos como seu primeiro namorado, não são todos egoístas como seu marido. Não generalize, não viva com base em eventos passados, você precisa acreditar nas verdades celestiais e a maior verdade é que fomos criadas da costela de um homem para nos mostrar que sempre podemos contar com eles, pois esse é o projeto de Deus. Homem e mulher unidos pelo propósito de Deus. Por isso, convido você, mulher, a voltar para o jardim, onde você aceita ser cuidada e amada, onde ele pode mostrar que é seu Pai e um Pai cheio de amor. Seja mulher! Seja a mulher que Ele pensou quando a criou. Não é errado ser doce, não é inferior ser sensível, não é ruim ser cuidada, não é antiquado ser cortejada, não é ultrapassado ser mãe e esposa. Não é desigual ser mulher.

Talvez seja hora de voltar para o jardim, porque foi de lá que você veio. Aliás, você conhece o jardim? O jardim é um lugar de descanso que Deus criou para seus filhos e filhas. Um lugar onde você habita em meio a uma paz que excede todo entendimento. Onde os pássaros cantam livremente, onde o sol brilha sem obstáculos e as abelhas desfrutam da doçura das frutas e flores; esse lugar é real, mais real do que se fosse apenas um ambiente físico palpável, mais real do que o dinheiro poderia comprar. Este lugar é um estado de fé, um estado de espírito onde você habita interiormente, não exteriormente. É aquilo que os olhos não podem ver, mas apenas desfrutar. No jardim, estão todos aqueles atributos que amamos desejar em nossos aniversários, como a tão sonhada paz, alegria, amor, paciência, bondade, fidelidade, mansidão e domínio próprio. Em outras palavras, é um lugar onde as plantas produzem os chamados frutos do Espírito. Que lugar! Que sonho realizado! Uma habitação para a qual o Pai nos convida, cheia de pureza e inocência.

"
De volta ao jardim, um convite para o de repente de Deus.
Hendyel Reis Fernandes

Jane Oliveira

Sou pregadora do Evangelho, tenho uma atuação nas redes sociais, onde posto devocionais que abençoam muitas vidas e alcançam pessoas que precisam de esperança.

Sou casada com Luan Camponez, filha de Ismael e Valdete. Sou da igreja evangélica Assembleia de Deus em Vila de Cava, do Pr. Luiz Paes Leme, em Nova Iguaçu/RJ.

Sou nascida e criada no evangelho, porém, na minha adolescência, quando eu tinha 14 anos, tive depressão. Mas foi através desse momento difícil que eu tive um encontro com Deus, onde Ele falou claramente comigo, me chamou pelo nome no meu quarto e disse que eu era escolhida dele e tinha propósito comigo na terra. Desde esse dia, eu nunca mais fui a mesma, a experiência com Deus transforma a nossa vida. E se estou de pé aqui hoje, é por causa d'Ele.

janne_olliveiraa

janeoliveira81715

janeoliveira_oficial

O DEUS QUE TE CONHECE E TE CHAMA PELO NOME

15

Por Jane Oliveira

O ano era 2007, eu estava na fase da adolescência e tinha 14 anos. Aproveitei toda a minha infância, brinquei de boneca até meus 12 anos. Sempre gostei de ter amigos por perto, minhas amigas de infância até hoje: Adriana, Fernanda e Juliana. Como aproveitamos nossa adolescência! Estávamos sempre juntas, na igreja, passeios, nos víamos praticamente todos os dias.

Um dia, quando eu cheguei da escola, como de costume tomei banho e logo fui almoçar. Coloquei a comida no prato para eu almoçar só que eu não tinha apetite... Esse era apenas o começo de uma fase difícil a qual passei.

Durante o dia eu ia para escola, sempre gostei de estudar, mas quando chegava a noite, eu começava a sentir uma angústia no meu coração, medo, síndrome do pânico: eu estava com depressão. A cada dia que passava, a angústia apertava cada vez mais, um sentimento de tristeza muito grande. Eu passava horas no quarto chorando, durante o dia eu passava bem, mas quando a noite chegava, eu só sabia chorar.

Em uma noite especial, eu estava muito triste, eu não estava suportando mais aquela angústia, um sentimento de morte horrível, eu estava desesperada. Então me ajoelhei no chão da sala e fiz uma oração a Deus em lágrimas, já não aguentava mais aquele sentimento. Clamei a Deus por socorro e pedi a Ele para que tirasse aquilo que estava no meu coração. Me recordo que o rádio estava ligado, meu pai sempre gostou de ouvir, e o Pastor Silas Malafaia estava ao vivo pregando. Deus usou o pastor Silas quando ele disse: "Essa angústia que você está sentindo, eu repreendo agora em nome de Jesus." Eu sabia que era para mim e aquela oração foi um refrigério na minha alma. Mas a depressão ainda estava lá. Isso durou uns 3 a 4 meses (o último estágio é o suicídio).

Teve um dia que eu não estava aguentando mais aquele sentimento de morte, corri para dentro do meu quarto, fechei a porta e comecei a chorar, foi quando Ele se apresentou a mim, eu ouvi a voz dele dizendo: "Eu sou o Deus de Abraão, de Isaque e Jacó. Pus o teu nome e sobrenome ainda que não me conhecesses, te escolhi desde o ventre da sua mãe e hoje, Jane, Eu te chamo pelo teu nome". E no final ele falou Isaías 45.3-5. Pensei: "que voz é essa?", mas eu sabia que era Deus e com muito temor e tremor abri a Bíblia, tudo o que Deus havia me falado estava escrito, ali foi o primeiro impacto que eu tive com a Palavra. Não vi Deus face a face como Moisés, mas a presença d'Ele no meu quarto foi real. Eu ouvi a Sua voz. Depois que Ele falou comigo, a depressão foi embora; o medo, a tristeza, a angústia foram embora. Deus me curou. Até meus 13 anos eu conhecia o Deus dos meus pais, com 14 anos, depois dessa experiência, eu conheci o Deus de Abraão, Isaque e Jacó. Se estou de pé aqui hoje, é por causa dele.

Devemos entender que a depressão é uma doença muito séria, que acomete pessoas de todas as idades e classes sociais. Sua gravidade pode levar pessoas ao suicídio. Sempre quando acesso minhas redes sociais, vejo vidas ceifadas de pessoas que se jogaram do viaduto, pessoas que tiraram a própria vida, ou seja, cometeram suicídio. É triste demais ver vidas sendo ceifadas dessa maneira. Pessoas que tem depressão ou já tiveram, eu já passei por isso e sei como é: o inimigo assopra na sua mente dizendo que a única saída para acabar com o sofrimento é a morte. Sim, eu sei que ele assopra no seu ouvido: "Se mate!". Mas eu estou aqui para te dizer que a saída não é a morte, a saída é Jesus. Ele é o caminho, a verdade e a vida. Seja aonde você estiver, grite o nome d'Ele, chame por Ele, porque Ele te ouvirá. Sim, eu sei que você não se acha digno de falar com Ele, mas Ele te diz: "Vem, filha amada, vem como estás...". Jesus está de braços abertos esperando você. Ele quer sarar suas feridas e ser um refrigério para sua alma! Vem como estás!

Não sei quais são as dificuldades que você tem enfrentado, mas eu quero apresentar a verdade do Salmos 139:16, que diz: "*Tu me viste antes de nascer, os dias que me destes para viver, tu escreveste em um livro.*" Sabia que Deus planejou a sua vida antes de você nascer? Sim, antes mesmo que você tivesse forma, Deus planejou a sua vida, escreveu e viu a sua história em um livro. Você não precisa ter medo do futuro, porque Deus já está lá no seu futuro.

Um dos meios terapêuticos mais eficientes para expressarmos o que pensamos e sentimos, sem medo de sermos censurados, é a oração. Orar nada mais é do que falar e conversar com Deus, contando a Ele tudo o que está em nosso coração. Em meio à aflição, abra o seu coração para o Senhor e clame por misericórdia. A oração faz parte do arsenal de Deus para o cristão. Sabe por que Deus disponibilizou essa arma? Porque nesses últimos dias da igreja na Terra, satanás tem atacado com mais voracidade ainda a mente de milhares de pessoas, tornando-as ansiosas, nervosas, medrosas, tristes e depressivas. Ele faz isso para desestabilizá-las emocional e psicologicamente. Mas nós temos a mente de Cristo. Procure então orar com sinceridade diante de Deus. Se você derramar o seu coração na presença do Senhor, Ele curará suas feridas.

Memória

Quando penso em minha infância, lembro-me de muita felicidade. Meu pai Ismael, minha mãe Valdete e eu morávamos em uma casa que na época era com o piso de taco. E eu só dormia com um ursinho. Ele era marrom, pequeno, como eu o amava! Usei ele até virar "trapo." O pai celestial também nos dá presentes, nossos dons e talentos são dádivas de Deus e devemos usá-los até não poder mais. Não poupe, não economize, faça tudo que você puder fazer aqui.

Minha irmã Jayane nasceu quando eu estava com 9 anos. Até meus 8 anos eu era filha única e queria uma irmã para brincar de boneca comigo. Falei assim, um dia, para minha mãe: "Queria tanto uma irmã!" e minha mãe me disse: "Pede a Deus". Todos os dias eu orava e quando eu estava com 9 anos, ela nasceu. Antes eu era a primeira filha, bem mimadinha, reconheço, mas eu amei a chegada da minha irmã, foi o presente que eu pedi a Deus. Eu amava brincar de panelinha, casinha, andar de bicicleta. Era bem menininha mesmo. Aliás, acho que sou até hoje!

Eu não ia escrever isso, mas nesse momento o Espírito Santo me toca para falar. A vida é feita de altos e baixos, quando eu ainda era criança, tem algo que ficou registrado na minha memória. Eu estava com 7 anos de idade, minha mãe sempre foi uma mulher de oração, meu pai também servo de Deus, sempre tocou guitarra. Certo dia, meu pai ficou desempregado, eu me lembro que minha mãe dizia: "Hoje tem culto, vamos para a igreja!", meu pai pegava sua guitarra e eu sempre caminhando junto com eles. Graças a Deus, o Senhor nunca deixou o pão faltar, nunca passei fome, mas eu me lembro que quando a dispensa estava começando a esvaziar, minha mãe dobrava seus joelhos e orava.

Sempre fazíamos culto doméstico em casa. Nunca vi minha mãe bater na porta de amigo, vizinho ou parente para pedir 1kg de arroz ou feijão. Minha mãe orava. Certa vez, quando chegamos da igreja, na nossa varanda tinha uma cesta básica, onde Deus providenciou. Quem levava essa cesta era um grande amigo do meu pai até hoje, Sidney. Eu era criança, mas eu me lembro dessa cena, um homem muito generoso, que eu admiro muito e sua esposa Lígia, seus filhos Sara e Samuel, que Deus continue abençoando-os, a sua atitude generosa e exemplar, Deus possa te recompensar.

Depois as portas se abriram para minha mãe e em seguida para meu pai e tudo voltou ao seu lugar. E para complementar a renda, não é porque é minha mãe, mas sempre teve mão boa para bolo e ela fazia bolos e tortas, colocava dentro de uma cesta e me dava para eu levar para a escola. Eu estudava e vendia os bolos para os meus professores, colegas de classe e voltava com a cesta vazia, pois eu vendia tudo. Isso me faz lembrar daquela passagem, quando Eliseu aumentou o azeite da viúva: *"E Eliseu lhe disse: Que te hei de fazer? Declara-me que é o que tens em casa."* 1 Reis 4:2.

Costumamos valorizar mais o que falta do que já temos. Às vezes, na sua sala tem sofá, rack, mas você olha e vê que falta o tapete, então você compra o tapete e depois vê que ainda falta um vaso com flor para enfeitar e etc... Valorize o que você tem, não o que te faz falta. Se você cozinha como ninguém, venda bolos, salgados. Se a sua habilidade é na costura, costure, aproveita o dom que Deus te deu.

Valorizo muito minha família. Sou fruto da educação que meus pais me deram. Seus conselhos, ensinamentos e orientações me fizeram ser o que sou hoje. Amo meu pai, minha mãe e minha irmã e sou muito feliz de tê-los sempre por perto. Sou grata pela família que Deus me deu.

Deus tem algo novo para sua vida

Não fique remoendo o passado, nosso Deus é o Deus do novo. Você pode, deve e merece recomeçar quantas vezes forem necessárias, você só não pode parar e desistir de você! Jesus deu a vida d'Ele, não para você desistir diante das dores, mas para você viver como um vencedor, uma vencedora! Você vai errar, vai falhar, vai chorar, vai sentir dor, mas saiba que se você não desistir, você vai se alegrar e vai viver a superação. Não fique remoendo o passado, pois ele te paralisa e é impossível voltar e mudar alguma coisa lá atrás, mas você pode viver o hoje se dando a oportunidade, se levantando quantas vezes for preciso e seguir para o novo de Deus!

Restauração

Deus restaurou a minha vida, Ele também pode restaurar seus sonhos e sua fé. Não sei qual a área da sua vida precisa ser restaurada, se é casamento, família ou a saúde, mas saiba que a última palavra quem dá não é juiz nem médico, quem dá a última palavra é Deus. Sinta-se restaurada por Deus, receba o refrigério de Deus nesse momento. Há esperança para você, Deus vai restaurar a sua história.

"Deus planejou a sua vida antes de você nascer. Antes mesmo que você tivesse forma, Ele te escolheu e escreveu a sua história em um livro.

Jane Oliveira

Jennifer Ribeiro

Sou Jennifer Ribeiro, natural de Brasília/DF, filha de Joselito e Vanusa, casada com Emmanuel Buccheri, atualmente resido em Lisboa, Portugal.

Cristã, psicanalista clínica, palestrante, missionária, formada em neuropsicanálise, especialista em traumas emocionais e saúde mental. Atendo centenas de pessoas por mês, em mais de 10 países, e recebo inúmeros testemunhos de pessoas que foram curadas, restauradas e encontraram sua identidade em Deus.

A psicanálise chegou na minha vida além de uma profissão, veio como uma ferramenta de cura e ressignificação na minha história. Encontrei meu propósito de vida: ser instrumento de cura para mulheres e famílias de todas as nações.

Se você está nesse processo de cura em suas emoções, conte com meu auxílio, estarei pronta para te servir.

jenniferribeiro.psicanalista

jenniferc.ribeiro.santos@gmail.com

+351 938 972 709

+351 938 972 709

CURADA PARA CURAR

16

Por Jennifer Ribeiro

Cada um de nós tem uma história, formando nosso livro de vida. Muitas vezes, desejamos apagar partes devido às lembranças dolorosas. No entanto, mesmo nas adversidades, Deus oferece oportunidades de recomeço, escolhendo aqueles que podem parecer improváveis.

Desde a infância, conheci a Deus, foi um "amor à primeira vista". Vivi experiências espirituais marcantes que me proporcionaram sabedoria, permitindo-me viver a adolescência e juventude com leveza e propósito. Chamada para o ministério da palavra e aconselhamento ainda jovem, testemunhei a edificação e restauração de muitas mulheres e famílias.

Mas, minha história não foi apenas momentos de vitórias. Depois de viver uma decepção muito grande em um relacionamento, ver minha vida emocional e sentimental destruída; chegando a viver um quadro grave de ansiedade, depressão, muitas feridas emocionais; teve um momento que tive que decidir recomeçar. Nesse tempo de muitas perdas, também aprendi que na sua maior dor está escondido seu verdadeiro propósito. As emoções sempre foram uma área que travei fortes guerras, e foi, justamente nessa área, que anos depois, obtive restauração para ser instrumento de cura para outras pessoas. Nesse período, houve uma personagem bíblica, a saber, Rute, que foi fonte de inspiração, fé, restauração e ânimo para meu coração. A certeza de que Deus estava escrevendo minha história, embora o cenário atual não fosse favorável.

A história de Rute começa quando Noemi deixa Belém devido à fome e escassez. Em Moabe, o filho de Noemi casa-se com Rute, tornando-a parte da família. Após a morte do marido e dos filhos, Noemi decide voltar a Belém, encorajando suas noras a seguirem seus próprios caminhos. Orfa, a outra nora, aceita, mas Rute, demonstrando profundo amor por Noemi, decide permanecer ao seu lado (Rt 1:17). É exatamente nesse ponto da história que Rute teve que optar por recomeçar.

Talvez, você se veja exatamente nesse lugar; parece que tudo está acabado, as situações fugindo do controle e parece que não há motivos para continuar; ou quem sabe um momento decisivo de sua trajetória, onde você percebe que existem áreas de sua vida que precisam ser restauradas: suas emoções e atitudes que, se não forem mudadas, podem colocar tudo a perder; restaurar sua posição como pai, mãe, marido, esposa, filho (a); você está no lugar dos recomeços e você nem sabe por onde começar; porém, através dessa leitura, você irá receber estratégias de como viver esse novo tempo em sua história, pois ainda há tempo de recomeçar!

O recomeço na história de Rute e sua sogra Noemi foi desafiador, ambas viúvas precisando reerguer-se em vários aspectos, após perderem seus companheiros. Talvez você não tenha perdido um ente querido, mas teve que sair de relacionamentos tóxicos, amizades, o luto de conexões que não fazem parte do projeto de Deus para você e por isso você paralisou, não consegue avançar; ou até mesmo você vive o luto dos seus sonhos.

Quero te encorajar: passe pelas fases do luto, mas não fique preso a ele. Você não controla os traumas, mas pode decidir se eles governarão sua vida. Ciclos podem terminar, mas o propósito divino persiste. Com Deus, superar o desânimo é possível. **Ressignificar não é negar sua dor, mas encontrar um propósito escondido nela.** Quem nunca se viu em reviravoltas da vida, momentos que parecem o fim, onde tudo parece perdido? Talvez você esteja enfrentando esse cenário também. Porém, mesmo diante de desafios, Deus mantém um plano para sua vida.

A decisão de Rute implicou em mudança de nacionalidade, tornando-se judia para seguir o Deus de Noemi (Rt 1:16). Ao chegar em Israel, trabalhou nas terras de Boaz, colhendo espigas, revelando que todo recomeço demanda reposicionamento emocional, espiritual e em atitude. Sem transformação interna e entrega a Deus, não há verdadeiro recomeço. Ela entregou para Deus o governo de sua vida e assumiu uma nova conduta sendo protagonista de sua história. Você está disposto a fazer o necessário para iniciar seu tempo de recomeço com Deus?

O período de "colher espigas" é incerto, demandando fé no Deus que age por você. Em tempos de recomeço, novas posturas têm o poder de nos promover. Rute, por sua postura e iniciativa, foi reconhecida, promovida e abençoada. Diante da dor, vestiu-se de força, coragem e agiu para cuidar e servir sua sogra que necessitada de provisão.

Essa história me faz lembrar de momentos que Deus me encorajava a servir e cuidar de pessoas, embora estivesse passando por momentos desafiadores. Se você está disposto a recomeçar, você precisará decidir não ser guiado pelos seus traumas, e sim pelo seu propósito.

Talvez, hoje você se encontre nesse lugar, "colhendo espigas", mas, eu preciso te encorajar a não desprezar seus pequenos começos, eles te darão fundamento para viver o novo tempo; Eclesiastes 7:8 diz: "*Melhor é o fim das coisas do que o princípio delas*", acredite, o final será recompensador.

E por fim, Deus levou-me a assumir uma conduta de uma nova mentalidade. Você só será restaurada e pronta para viver um recomeço, se você tiver uma mente renovada. É impossível viver um novo tempo, com as mesmas crenças limitantes e com feridas que governam suas emoções. Romanos 12:2 diz: *"Não se amoldem ao padrão deste mundo, mas transformem-se pela renovação da sua mente, para que sejam capazes de experimentar e comprovar a boa, agradável e perfeita vontade de Deus."*

Quando a Bíblia diz para você não se amoldar/conformar com esse mundo, significa que em seu processo de restauração e recomeço, você não pode agir igual o mundo age. No mundo, é natural guardar mágoa e rancor, nutrir sentimento de vingança por alguém que te feriu; mas a Bíblia nos encoraja a perdoar, se esquecer das coisas antigas e avançar para as novas. Eu acredito que uma das atitudes mais difíceis que tive nesse período, foi liberar perdão para pessoas que haviam me machucado. Porém, essa também foi a atitude mais nobre que José, no Egito, pôde revelar: perdoou seus irmãos que haviam o vendido como escravo. Anos se passaram, agora exercendo um cargo político, ele pôde perceber que até seus traumas escondiam um propósito divino: salvar vidas! Ele mesmo declarou: "*Assim, não foram vocês que me mandaram para cá, mas sim o próprio Deus. Ele me tornou ministro do faraó, e me fez administrador de todo o palácio e governador de todo o Egito.*" Gn. 45:8.

Existem propósitos escondidos em suas maiores dores. Os lugares que você foi mais ferido, é o lugar que Deus te promoverá e te fará ser cura para outras pessoas. Foi na área emocional, após um quadro de ansiedade, aonde fui mais provada e desafiada.

Após passar por uma cura - em primeiro lugar através da pessoa do Espírito Santo, ter sido acompanhada por terapeutas, ter pastores que me direcionaram, estar conectadas com pessoas que foram verdadeiros instrumentos de cura e, por fim, ter tido a oportunidade de me formar nessa área, e, em seguida, também me formar nessa área - pude experimentar uma jornada de autoconhecimento, ressignificação e propósito. Só então pude receber uma cura sobre emoções que haviam se tornado patológicas. E, se tratando de passado, preciso te dizer que se você não aceita seu passado e carrega sobre você peso de culpa e/ou mágoa, certamente a ansiedade, angústia e depressão irão governar suas emoções e sua vida por completo. É provável que essa seja a origem de alguns transtornos de ansiedade e depressão em suas emoções, não aceitar o passado. Não podemos alterar o passado, mas aceitá-lo é essencial para equilibrar nossas emoções diante dos altos e baixos da vida.

Faça as pazes com o seu passado, se libere de lá, se perdoe e quebre essas correntes invisíveis que te fizeram refém; aproveite e perdoe também quem te aprisionou lá, você não teve controle sobre o que fizeram com você, mas você pode decidir o que irá fazer a partir de agora. Olhe para ele sem desprezá-lo; são as suas experiências que irão te preparar para viver um tempo de novidades.

Filipenses 3:13-14 diz: "Irmãos, não penso que eu mesmo já o tenha alcançado, mas uma coisa faço: esquecendo-me das coisas que ficaram para trás e avançando para as que estão adiante, prossigo para o alvo". Você está autorizado a avançar, ainda há tempo de recomeçar! Só vive plenamente uma nova história quem decide curar-se dos traumas do passado e encontrar uma missão através deles. Esse poderia ser outro significado de ressignificar. Ressignificar não é esquecer, é trazer um novo sentido para as dores que quiseram te parar. Existe um recomeço, apesar delas.

Rute se casou com Boaz e concebeu Obede, avô de Davi, fazendo parte da genealogia de Jesus. Essa é a prova de que quando você entrega para Deus o governo de sua vida, apesar dos traumas do passado, Ele prepara um recomeço.

Anos se passaram e eu também vivi um recomeço. Me formei em psicanálise clínica, pós-graduei em neuropsicanálise e me aprofundei em estudos e especializações na área de desenvolvimento pessoal e emocional. Me tornei psicoterapeuta e palestrante, e surgiram novas oportunidades para alcançar mulheres, famílias e nações através da psicanálise clínica e da minha fé.

Hoje, atendo centenas de pessoas por mês, em mais de 10 países e são inúmeros testemunhos que recebo diariamente de pessoas que foram curadas emocionalmente, que encontraram sua verdadeira identidade em Deus, tiveram suas vidas restauradas, famílias restabelecidas e que agora vivem uma vida com propósito. Deus verdadeiramente fez das minhas cicatrizes remédio para curar nações.

Conheci meu esposo, Emmanuel Buccheri, e fui abençoada com um casamento de propósito, um instrumento que Deus usou para ser mais uma cura para meu coração. Hoje, servimos a Deus juntos, na música, ministração da palavra e na igreja local, comprometidos em restaurar outros.

Não desista da restauração de Deus em sua vida; um dia, você também pode inspirar muitos com sua história. Ele é especialista em curar feridas e fazer delas testemunhos dignos de serem contados. O recomeço não é apenas uma oportunidade de virar a página, mas uma chance, dada por Deus, de escrever um novo roteiro, onde as cicatrizes do passado se transformam em testemunhos de superação.

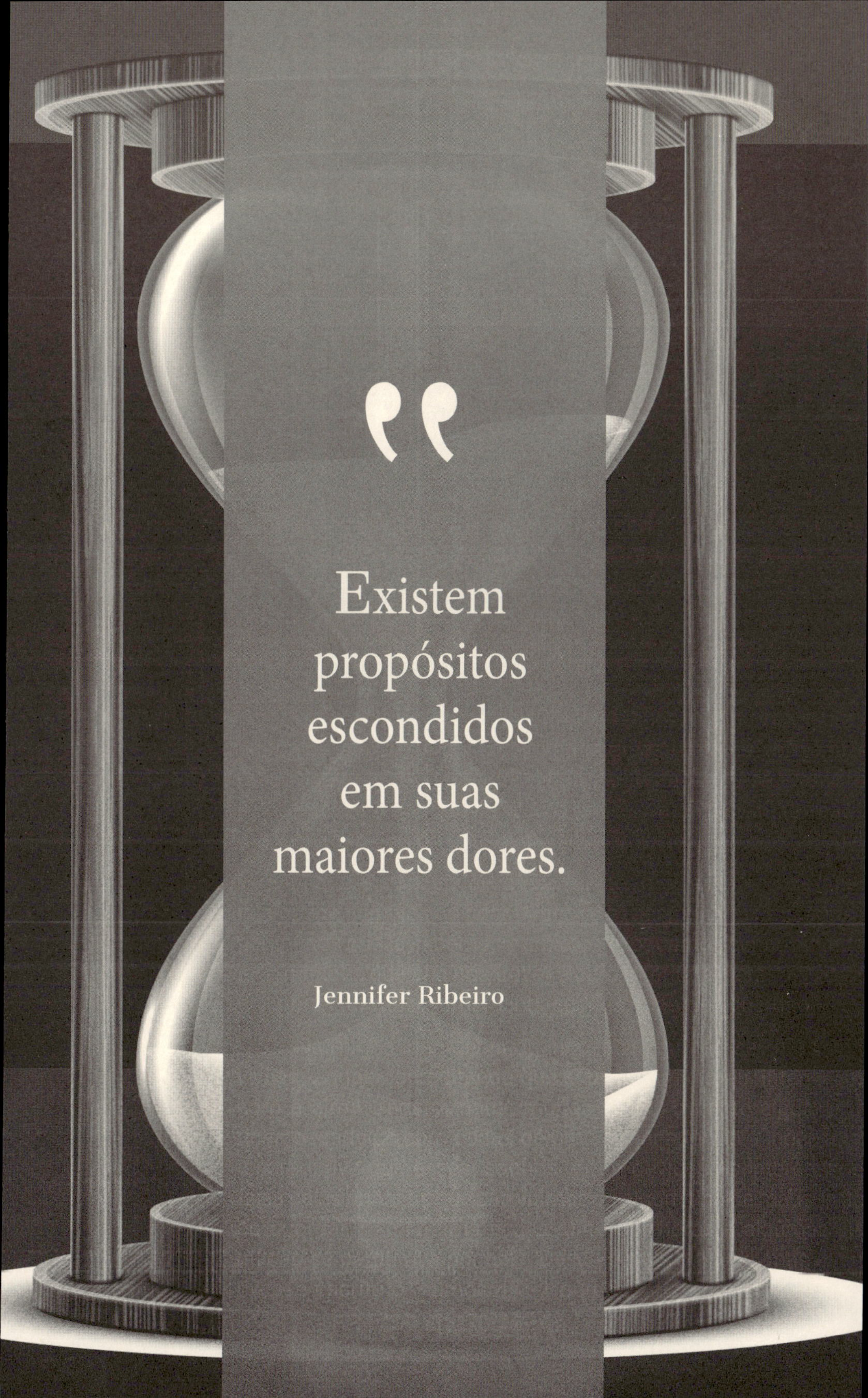

"

Existem
propósitos
escondidos
em suas
maiores dores.

Jennifer Ribeiro

Karol Oliveira

Me chamo Karol Oliveira, tenho 26 anos. Sou filha, neta, sobrinha, prima, amiga e madrinha da Isabella, mas sobretudo sou SERVA, amo servir a Jesus! Sou bacharel em Fotografia, tenho amor por eternizar momentos únicos e mostrar às pessoas a melhor versão delas mesmas.

Idealizadora do "Sou Princesa, Escolhi Esperar", projeto que o Senhor entregou a mim para influenciar meninas desse tempo a se comportarem como princesas, filha do Rei dos Reis, afinal, Ele enxerga uma princesa dentro de cada menina. Um dia, Deus me fez uma promessa. Na verdade, Deus me fez muitas promessas nesses 26 anos já vividos. Com muita alegria, posso declarar como em Jó 42:5 - "Antes, eu só te conhecia de ouvir falar; agora, eu te vi com meus próprios olhos."

Ao Deus que faz o extraordinário seja a glória para sempre!

karololiveira.ofc

anakarolfoto@gmail.com

A MENINA IMPROVÁVEL QUE SEGUE COM O CHAMADO E A PROMESSA!

17

Por Karol Oliveira

Minha vida sempre foi palco do agir sobrenatural e milagroso de Deus. No dia que eu nasci, tenho certeza que o Céu emitiu um sinal no inferno sobre a potência que tinha acabado de nascer.

Aos 2 anos, fui diagnosticada com epilepsia abdominal e minha mãe, técnica de enfermagem, logo se desesperou. Minha avó Marinélia repreendeu aquela palavra, porque desde o meu nascimento ela me entregou para Jesus, e através do poder da oração vivenciamos milagres. Minha mãe recebeu o convite da tia Nilza para ir em uma reunião de oração e no meio desse momento desesperador, Jesus a encontrou, Ele me curou e desde então minha mãe entendeu que a minha vida era a PROMESSA do Senhor e que iria trazer vida para ela.

Através de mim, minha mãe aceitou o chamado do Senhor e me criou em Seus caminhos, assim como declara Provérbios 22:6.

Aos 3 anos, minha família se tornou disfuncional, meus pais se separaram e desde então minha mãe contou com uma rede de apoio para cuidar de mim. Minha mãe precisou trabalhar bastante para construir um futuro de excelência para mim e que, com muito orgulho, hoje reconheço que ela conseguiu. Nossa rede de apoio manteve os príncipios do Senhor ativos no meu coração. Cresci no meio das orações, consagrações, cultos nos lares, participando de todos os grupos, louvando, pregando e o temor ao Senhor germinando no meu coração. Eu amo servir a igreja até os dias de hoje.

Aos 6 anos, já não quis mais a Bíblia infantil porque no meio dos desenhos não compreendia a profundidade das palavras. Mesmo crescendo e sendo ativa na igreja, me batizei aos 16 anos, porque sentia o temor da responsabilidade dessa decisão. Chegou a adolescência, a escola que eu estudava era de princípios cristãos (menciono aqui o CEMACO, meus queridos tios Nilton e Ana, por serem suporte durante metade da minha vida, auxiliando na formação do meu caráter). Deus, família e escola precisam andar alinhados.

No auge dos meus 15 anos, a festa de princesa do sonho da menina sonhadora estava sendo preparada, com tudo do melhor na casa de festa mais bonita e cara da cidade - porque Deus enviou todos os recursos necessários para a mãe da menina improvável realizar o sonho de princesa. Mas, influenciada pelas amizades escolares, decidi que não queria mais seguir os caminhos de Jesus. Isso mesmo, do Jesus que eu tanto orei para realizar a festa e depois de tudo pronto, tive a infelicidade de proferir para minha mãe a frase: "Olha, a partir de agora, quando eu quiser o seu Jesus novamente, eu o procuro. Não irei mais à igreja, serei como as meninas da minha escola, frequentarei as festinhas (nunca consegui passar 2 horas nessas festinhas), enfim, é isso." Na mesma hora minha mãe foi tomada pelo Espírito de Deus, me sacolejando, disse: "Você foi consagrada ao Senhor e você é d'Ele! Pode contar seus dias, porque hoje mesmo oro para que o Senhor te leve, te prepararei com o seu vestido branco de princesa e te devolverei para Ele, mas para o mundo não te perco". Vovó Lourdes, aterrorizada porque entendia o poder das palavras de uma mãe, a agarrou e disse: "Retira o que você disse, agora!" E eu? Fiquei sem ação. Conhecendo a mãe com crédito no céu que eu tinha, sabia que assim ela faria e Deus com certeza a ouviria.

Mas não precisou, porque nesse mesmo dia vivenciei minha primeira experiência profunda com Deus, quando em visão, Ele se apresentou no meu quarto no meio de uma "briga" com o "homem da capa preta" (foi assim que eu descrevi com quem estava brigando); senti o "homem da capa preta" me puxando e eu, já sem forças, vi uma luz muito forte que me arrancou das mãos daquele "homem", e fui arremessada no chão do quarto, ouvindo a seguinte fala: "Te escolhi desde o ventre, te separei, você é minha princesa, hoje te entrego a decisão de esperar em mim e se dedicar exclusivamente a mim, cuidarei de você em tudo e quanto a você, influenciará meninas a serem princesas e as incentivará a esperarem o melhor que Eu tenho para elas." Compreendi que era o próprio Deus selando o meu chamado e o "homem da capa preta" era o diabo, pronto a me tragar, mas por bondade e misericórdia, Deus me salvou. A festa de princesa aconteceu, de maneira linda, glorificando o nome do Senhor em todo tempo.

Dediquei toda minha juventude ao Senhor e Ele realmente cuidou de tudo. Chegou a faculdade, a menina improvável tinha o sonho de ser fotógrafa e não queria um "cursinho", declarou no monte para o Senhor que queria cursar a faculdade e cursou o Ensino Superior em Fotografia (uma faculdade de custo altíssimo, mesmo tendo somente os recursos financeiros da minha mãe) Deus custeou tudo.

Aos 18 anos, o "Sou Princesa, Escolhi Esperar", projeto que o Senhor havia entregado nas minhas mãos aos meus 15 anos, COMEÇOU. Enquanto acontecia o culto das mulheres, em outra sala simultaneamente as filhas das irmãs eram ministradas. Desde então comecei a entender o propósito de Deus, de desde pequena estar sempre envolvida diretamente nos trabalhos das mulheres, o meu chamado estava *linkado* ao delas.

A primeira edição era somente as filhas das irmãs, a segunda, o número de meninas dobrou e a terceira já não cabia mais na salinha. Mas ali, naquela salinha, vi a "faísca do meu chamado" começando a incendiar, vi meninas crescendo, se tornando verdadeiras princesas, compreendendo o Pai que elas tinham e sua real identidade, afinal, Deus enxerga uma princesa dentro de cada garota.

O Sou Princesa cresceu, cresceu juntamente comigo, com a minha maturidade espiritual e principalmente com a responsabilidade de ser a referência das meninas. A extensão do Sou Princesa tomou a forma de Culto das Princesas. O primeiro foi incrível, o segundo muito melhor, para glória de Deus. E chegou o terceiro, o encontro mais cheio de meninas que saíram dali tratadas, ministradas... O terceiro me doeu o coração, as edições estavam indo a todo vapor, sempre geravam um sentimento de querer mais. O que eu não contava era que, nessa edição, Deus me dissesse que "o ciclo havia se fechado, ali já não comportava mais e que naquele dia as fronteiras estariam sendo ampliadas, mas não ali naquele lugar."

Ah, eu apenas uma menina seguindo com o projeto que Deus havia me confiado com muito zelo e temor, não acreditei que tudo que Deus falou aconteceria. Como acreditar que algo que Deus me entregou, que eu preparava e executava com muito zelo, precisaria ter um ponto final? Sim, a cortina se fechou. Ah, meu coração estremeceu, chorei, esperneei, questionei, mas Deus disse que faria e fez. Segui caminhando, cumprindo minhas atividades na igreja, inclusive com responsabilidades ainda maiores.

Exatamente 1 ano depois, veio a última edição do Sou Princesa, cumprindo com excelência as outras partes do meu chamado, como coreografia e palavra, fomos surpreendidas com um diagnóstico de tumor na hipófise. Pra mim, era impossível Deus me permitir viver tal doença. Desconsiderando o diagnóstico, decidi que não me turbaria, seguiria cumprindo com todos os meus compromissos e somente depois verificaria o que possivelmente seria um erro médico e que estaria tudo sob controle.

Depois de ter findado os compromissos, repetimos os exames e lá estava declarado nitidamente o tumor. Começa aí um novo processo: como a menina que dedicou a juventude ao Senhor estava sentindo a morte bem de perto? A menina que já havia vivenciado tantos feitos do céu nos últimos tempos, estava frágil e insegura. Minha mente chegou ao extremo da bagunça, até porque eu não queria viver o processo e mesmo sabendo que Jesus estava no barco e que já havia liberado uma ordem, o cenário era aterrorizante. Enquanto eu não me submeti a viver o processo, tudo piorou. Até que um dia, decidi me levantar e perguntar para Deus: "por que me sobreveio tudo isso?". Logo após essa pergunta, toda situação mudou, foi o *start* de Deus para se levantar e dizer: "Agora que você decidiu entender e aceitar o propósito, Eu acelerarei o processo." Logo depois disso, refizemos toda a bateria de exames e o tumor havia desaparecido. Glória a Deus!

Retomei revigorada para as minhas atividades ministeriais, afinal, precisava contar para o mundo o que Jesus tinha feito em minha vida. Estava no ápice do meu ministério, Deus estava me dando revelações profundas da Palavra, era chegado o tempo do romper de Deus em minha vida. Mas, acredite, todas as vezes que o céu liberar algo grande, o vento soprará contrário àquilo que Deus falou, testando a nossa fé.

O inimigo mais uma vez me atacou, dessa vez ele tocou ferozmente no meu ministério, roubou a minha identidade de princesa, a menina temente ao Senhor decidiu bater cabeça com a vida que queria ter, com coisas que queria construir, fora dos princípios do Senhor. Quebrou votos feitos com Deus e só obteve tristeza, decepções, muitos traumas e dores, o que a levou ao transtorno de ansiedade generalizada, seguida de uma depressão, inclusive declarando o fim do Sou Princesa em seu coração, não havia sentido continuar.

Deus precisou me parar e me mostrar quem era o Pai na história, e como Pai, Ele tinha uma nova direção, um novo começo e a mim só caberia aceitar novamente meu papel de FILHA Princesa, Escolhida e Restaurada, entender que tudo fazia parte do propósito do meu Pai e eu somente precisaria estar alinhada com o que Ele tinha para mim. Mesmo assim, no meu coração, o Sou Princesa teve um ponto final, até que um dia o céu me encontrou e me entregou uma palavra: "Não houve fim, apenas um ponto e vírgula para o projeto que eu te confiei, apenas faça a rota do RECOMEÇO!" Para recomeçar, precisei da terapia para reconhecer novamente minha identidade, porque recomeçar não é tão fácil como começar, recomeçar envolve muito mais esforço e dedicação.

No fim de todo esse processo, Deus me disse que a minha história ultrapassaria fronteiras, eu não imaginava como, e nesse tempo Deus me apresentou a Pra. Luciana – "Jael', desbravando caminhos para as Déboras desse tempo", e com ela, o cumprimento da promessa do RECOMEÇO do Sou Princesa aconteceu, porque o Céu se responsabiliza em ser o patrocinador do cumprimento da promessa!

> O Céu se responsabiliza em ser o patrocinador do cumprimento da promessa!
>
> Karol Oliveira

Pra. Luciana de Oliveira

Graduada em Letras, exerce o ministério pastoral há 14 anos, juntamente com o seu esposo, Pastor Wagner de Oliveira, com quem é casada há 32 anos; mãe de dois filhos: Douglas e Daniel, e avó do Enrico.

Fundadora e líder do Restaurando Mulheres, ministério missionário voltado ao universo feminino, que visa a restauração e o crescimento espiritual de mulheres, atualmente lidera uma equipe de trabalho com dezenas de mulheres e inúmeros eventos realizados até o presente momento.

É pregadora da palavra, escritora, coautora do livro *Somos Todas Mais que Vencedoras* e idealizadora do livro *Mulheres Restaurando Mulheres* - volume I, II e III. Seu mais novo projeto é a imersão *Restauração e Seus Pilares*, que está levando mulheres a desenvolverem uma restauração completa em suas vidas. Pastora Luciana traz mensagens que têm mudado muitas mulheres por todo Brasil.

pra.luciana.admrf

restaurandomulheres

AINDA HÁ TEMPO PARA RECOMEÇAR

18

Por Pra. Luciana de Oliveira

Recomeço é um novo tempo, uma nova fase, uma nova oportunidade, tem uma emoção especial... é futuro e passado ao mesmo tempo, o começar de novo com algo inédito, mas que carrega um passado junto, a retomada de uma história que já existia de alguma maneira... a neurociência diz que o movimento do recomeço é importante para a mente humana.

A partir da neurociência, é possível desvendar como o cérebro reage a determinados estímulos para contribuir com o entendimento do comportamento humano, das emoções e percepções das pessoas perante o mundo; recomeçar, portanto, nada mais é do que sair da zona de conforto e passar a fazer algo diferente ou de forma diferenciada.

Geralmente, o recomeço tem uma dor envolvida, algo se encerrou, algo se perdeu, alguma frustração, então somos desafiadas a ter coragem, ter desejo de lutar, de conquistar, de ser feliz. A Bíblia relaciona o recomeço à ideia de renovação espiritual e perdão porque é um convite a deixar o passado para trás e começar uma nova vida em Deus, nos permitindo uma nova visão mediante as circunstâncias, com a capacidade de superar obstáculos aprendendo com os erros e a seguir em frente, sabendo que é um processo que envolve coragem, determinação e disposição para enfrentar novos desafios, com a oportunidade de crescimento, aprendizagem e renovação.

Quando decidimos recomeçar, precisamos entender que há coisas que devem ser esquecidas e outras que devem ser relembradas, mas há também as que devem ser buscadas... recomeçar é prosseguir! Para isso, precisamos olhar para Deus em vez de olhar para as circunstâncias, devemos olhar para as promessas em vez de olhar para os inimigos, devemos olhar para a palavra ao invés de olhar para os nossos sentimentos, palavras de Hernandes Dias Lopes.

De um começo desajustado para um recomeço exponencial, assim inicia a minha história.

O ciclo vital do ser humano passa por quatro fases da vida, que são: infância, adolescência, idade adulta e velhice e ela se desenvolve dentro do ciclo da vida, que possui dois grandes eventos: o nascimento e a morte. O nascimento é o grande acontecimento, o desconhecido se torna conhecido, é manifesta a vida em sua perfeição, em sua formação única e singular, é o momento em que o ser vivo inicia a sua vida terrena, nascer procede de nasci com raiz, no hindo-europeu, gene, interpretado como dar à luz.

A partir de uma concepção em adultério fui gerada, não desejada, não esperada, quase abortada, a terra dizia que não, mas o céu dizia que sim. Minha mãe decidiu por permanecer com a gestação e seguir à espera do meu nascimento, mesmo não sabendo como seria e o que viveria na condição de uma mãe solteira, nos anos 70, uma jovem de 23 anos de uma família tradicional do seu tempo.

Meu dia chegou através de uma cesárea com dor e muito sofrimento como de um parto normal, nasci uma menina saudável, muito cabeluda, grande e robusta, o parto com algumas complicações, mas que não impediram a mãe de "dar à luz"! A menina passou a se chamar Luciana, um nome feminino, de origem latina, que deriva de LUX, que significa "LUZ", um nome que carrega consigo a ideia de brilho, iluminação e clareza, aquela que nasceu na luz ou aquela que ilumina.

Sem família estabelecida, sem uma moradia certa, uma paternidade desconhecida (não porque não soubesse quem era o pai, mas porque não poderia ser revelado), mãe e filha começaram uma história juntas. Nascemos e não temos a menor noção da expectativa que geraram acerca da nossa vinda ao mundo e muito menos do que viveremos a partir do nosso nascimento.

A primeira fase da minha vida começou com uma infância bem conturbada. Criada por avós que criavam muitos netos, criada por muitos acabei sendo criada por ninguém, a orfandade instalada mesmo com a casa cheia, ausência de referência materna e paterna. Minha mãe passava mais tempo trabalhando e envolvida com suas ocupações, não tinha tempo para estar comigo acompanhando o meu desenvolvimento, fui me tornando uma criança silenciosa e vulnerável, e sendo assim, presa fácil do predador, passei pelo abuso, fazendo com que o silêncio se tornasse a minha maior característica infantil.

A menina em crescimento, minha mãe se envolveu em um relacionamento e decidiu constituir uma família, só que seu companheiro naquele momento era um ex-policial detento, que ela tinha que fazer visitas semanais, lhe dando todo suporte financeiro, mantendo todas as suas necessidades estando ele em condições prisionais para cumprir a sua sentença. Nesse tempo, eu tinha 10 anos e meus finais de semana eram nos presídios (Frei Caneca, Milton Dias Moreira, Bangu I...), lá ela engravidou, passou por duas gestações.

A primeira a nascer foi Flávia, que passei a cuidar como se fosse a minha filha, tendo eu apenas 10 anos, e no intervalo de um ano, nasceu Gabi, mas a rotina continuou a mesma, pois o companheiro da minha mãe continuava preso. Foi um tempo de muita dificuldade, de muita humilhação e desespero e eu me tornando uma mocinha, cuidando das meninas para minha mãe continuar trabalhando, morávamos de favor na casa dos meus avós, na verdade, moramos de favor na casa de uma tia também. Uma infância marcada, uma adolescência comprometida.

Chegou o dia da liberdade do companheiro da minha mãe, parecia que tinha chegado o fim das dificuldades. No primeiro momento era o que parecia, fomos morar em uma ótima casa, minha mãe se casou, estabeleceu uma família (eu não). Não demorou muito e minha mãe descobriu uma traição, seu esposo a abandonou com duas crianças pequenas. Minha mãe enlouqueceu, tentou vários suicídios, sem nenhum equilíbrio emocional tendo que criar duas filhas pequenas e uma na adolescência. Foi com toda certeza um dos piores momentos da minha vida ver minha mãe naquele estado, ver minhas irmãs tão pequenas passando por tantas dificuldades e eu impotente sem poder resolver financeiramente aquele momento, estudos foram prejudicados, passei a ter responsabilidades de uma mãe.

Os dias se tornavam cada vez mais difíceis, minha mãe entrou em depressão, sem nenhuma motivação, as meninas ainda precisavam de muito cuidado, atenção e amor. Apesar da minha mãe ser funcionária pública, não conseguia suprir a totalidade do sustento da casa, passamos por muitas dificuldades, mas eu sentia no meu interior que essa história não terminaria assim, de alguma maneira nós sairíamos daquela situação.

Nesse período, morávamos no último andar de um prédio, em um quarto e sala, na verdade era uma moradia para o zelador do prédio morar, mas o síndico, juntamente com os proprietários, decidiu alugar e por sorte minha mãe conseguiu alugá-lo. Ali fomos instaladas eu, minhas irmãs e minha mãe. Para dar conta de tudo, minha mãe buscava outros meios de obter recursos, vendendo, produzindo e assim íamos vivendo.

No ano de 1988, eu tinha completado 17 anos, ainda silenciosa, caseira, estava cursando o último ano do Ensino Médio, minha mãe desejava que eu realizasse exatamente o mesmo curso que um dia ela quis, mas não conseguiu. Minha mãe tinha planos para minha vida e eu queria apenas, de alguma forma, realizar algo que viesse a alegrá-la; eu não tinha sonhos, me tornei fria e não sabia o que era amor, não aceitava toque, carinho, atenção, sempre muito áspera; toque e amor só com minhas irmãs, nem com a minha mãe eu tinha. Como mãe e filha tínhamos uma barreira muito grande que eu não sabia como derrubá-la.

Um dia, que parecia como qualquer outro dia comum, através de um desfile de escola, minha mãe trouxe uma banda de música do quartel que ela trabalhava para apoiar o desfile de 7 de setembro da escola das minhas irmãs; eu não sabia, mas a minha realidade mudaria a partir daquele dia, seria vista, achada, encontrada, amada e honrada. Não sei ao certo se eu o vi primeiro, ou ele me viu primeiro, mas ele diz que já me conhecia de um álbum de foto que minha mãe mostrava para todos no quartel, então acredito que fui vista primeiro.

Nesse dia, conheci alguém que me trouxe a paz, o cuidado, a atenção, o carinho, que me ensinou a ser uma pessoa melhor, me ensina até hoje. Com ele decidi recomeçar, decidi construir uma família, decidi viver o que minha mãe não viveu, me permiti fazer de novo, de forma diferente. O amor da juventude, sonhamos juntos, claro que não foi fácil, lutamos, resistirmos, ele passou a ser um amigo, alguém que minha mãe confiava e se apoiava, ele chegou para mudar a minha situação. Me tornei mais forte, mais corajosa, afinal agora eu tinha alguém que me amava, da mulher que não tinha sonhos me tornei a mulher que sonhava em ter a sua própria família, ser mãe, ter a paternidade no seu lar, poder ver meus filhos tendo experiência com o seu pai.

O recomeço é possível e esse dia chegou, nos casamos em uma cerimônia muito emocionante, porque minha mãe viu se cumprir em minha vida que ainda há tempo para recomeçar. Geramos um filho em amor e fidelidade, nasceu Douglas, o meu primogênito, parecia que tudo estava completo, só que enquanto Jesus não está, não há plenitude, nos faltava algo e não conseguíamos entender qual era a falta. Douglas já estava iniciando a sua adolescência quando tomamos a decisão mais importante das nossas vidas, decidimos seguir a Cristo, viver com Ele, entregamos nossas vidas para Jesus.

Nesse momento, confesso que tudo fez sentido, um novo tempo, uma nova fase, uma nova oportunidade, uma nova vida em Cristo Jesus. E nessa nova vida ainda faltava um, nasceu o nosso Daniel, "O Senhor é o meu juiz", o nosso profetinha. Hoje somos uma família a serviço do Reino: um pastor, uma pastora, um adorador, um profeta, uma missionária, um mini-baterista, uma igreja "Restaurando as Famílias"!

Para você que está lendo agora um pouco da minha história, preciso te dizer, ela ainda não terminou, sou idealizadora desse projeto lindo que tem ativado ministérios e restaurado mulheres. "Mulheres Restaurando Mulheres" chegou até você porque a sua história pode ser a próxima. Lembre-se: **ainda há tempo para recomeçar**.

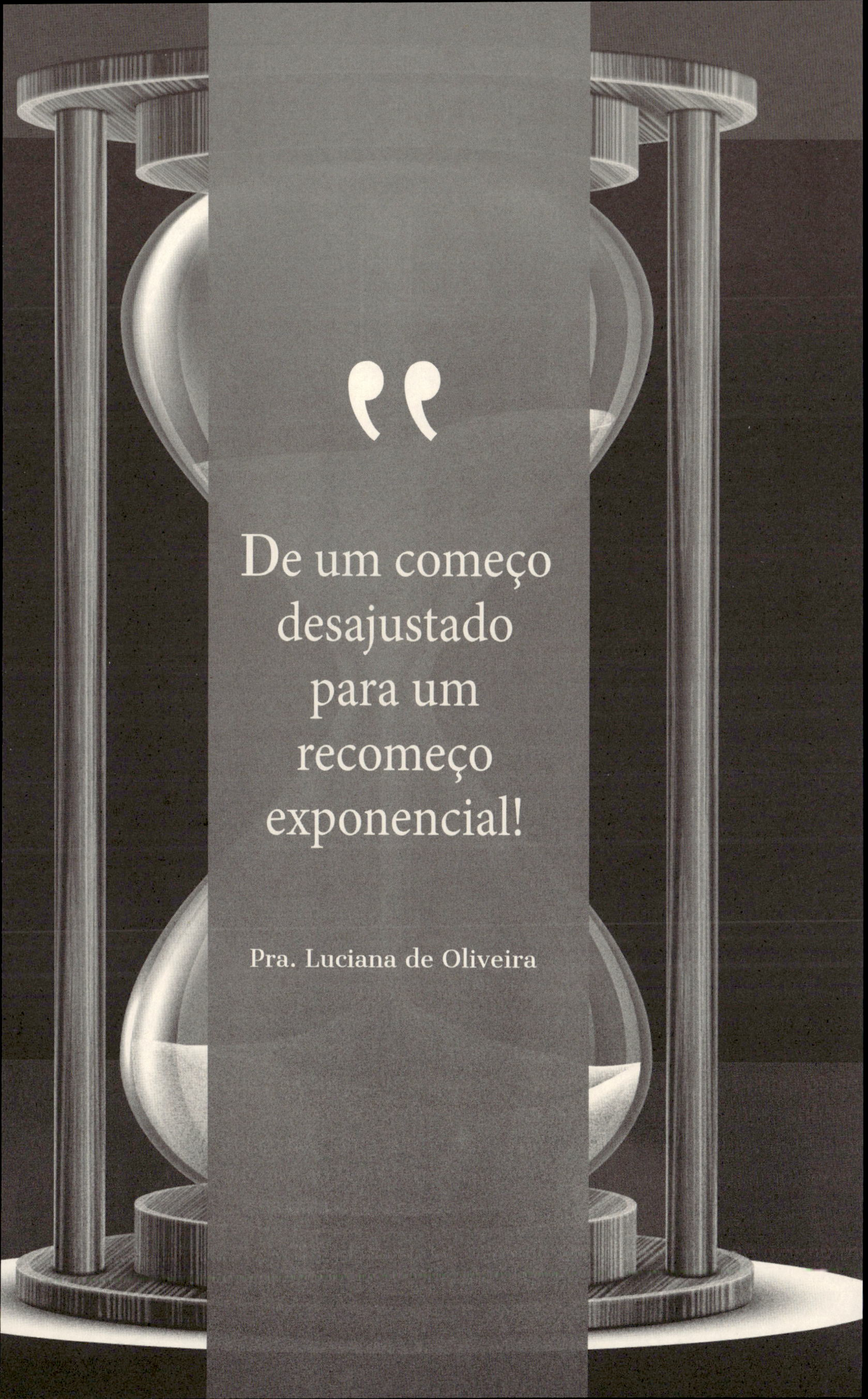

"

De um começo desajustado para um recomeço exponencial!

Pra. Luciana de Oliveira

Luh Barbosa

De uma linhagem de escravos, sendo hoje a filha mais nova de 5 irmãos vivos, vivendo em uma sociedade marcada por situações violentas, posso dizer que entre incontáveis vítimas eu sou mais uma, mas isso não me dá o direito de ficar me vitimizando, pois, infelizmente, desde que o pecado entrou no mundo a violência é uma das consequências.

O que muito me surpreendeu foi que levei mais de quatro décadas para desbloquear um outro abuso que ocorreu na minha infância, porém eu sigo esperançosa porque chegará um dia que o Pai virá nos buscar e aí não haverá mais lágrimas.

Sou Lucinéia da Silva Barbosa, conhecida como Luh Barbosa, nascida no município de Corbélia no Oeste do Paraná, e essa é a segunda vez que escrevo como coautora.

Gratidão Àquele que me amou primeiro, sem o Amor d'Ele eu não seria capaz de perdoar e prosseguir o meu processo.

lu.rosa3

+55 (41) 99221-3866

ENTRE PRISÕES E LIBERDADE, ESCOLHI SER LIVRE

19

Por Luh Barbosa

Amável leitor, minha intenção não é ativar gatilhos e sim tentar te mostrar que ao sair do casulo, nem sempre vai se deparar com a beleza das borboletas e o cheiro das flores, também será necessário suportar as setas noturnas e os zumbidos das moscas, porém é necessário continuar acreditando que as tempestades não duram para sempre.

No "Mulheres restaurando mulheres 2", eu tive o privilégio de contar resumidamente um pouco de várias áreas da minha história, mas aqui quero me ater em uma área de cura interior. Depois do lançamento do livro, estive em contato com uma pessoa que de certa forma me inspira bastante, é o tipo de pessoa que certamente ficaria horas ouvindo...

Desde a concepção até a morte, precisaremos de alguém para nos ensinar, apoiar, nos dar direções e mesmo quando somos adultos e pensamos que já sabemos o suficiente, podemos ser bombardeados por informações que vão nos trazer a cura interior e, geralmente, ser curado dói, gera lágrimas, surgem indagações, mas traz liberdade.

Na minha ignorância ou inocência, eu não sei, mas por décadas vivi em engano acreditando que estava com o meu interior restaurado, com a alma transformada; muitas vezes, durante algumas noites eu tinha pesadelos com cenas de uma criança tendo a inocência roubada e acreditava que esses "sonhos" eram devidos às intercessões que eu fazia pelas crianças que são vítimas de algum tipo de maus-tratos, porém ao acordar, minha alma ficava aflita por horas e algumas vezes essa aflição se perdurava por dias. Desculpem a ousadia, mas é como se eu tivesse escrito o Salmos 42.11 que diz: *"Porque está abatida, ó minha alma? Porque te perturbas dentro de mim? Espera em Deus, pois ainda o louvarei. Ele é a salvação da minha face e o meu Deus.*" Uma luta interna era travada, o meu interior gritava por socorro, os "sonhos repetidos" me deixavam abalada emocionalmente, mas não entendia a razão, embora soubesse que orações geram guerras espirituais eu não tinha tido uma resposta clara sobre o que sonhava.

Em algumas oportunidades eu falei sobre cura interior, ouvi várias histórias de homens e mulheres que tinham traumas de infância e adolescência, pessoas que passaram por situações cruéis, mas acredito que foram curadas, que saíram do casulo e no meio do voo enfrentaram os zumbidos das moscas, mas e eu? Porque a minha alma continuava aflita? Porque eu continuava sendo "aterrorizada" no meio da noite? Era real ou fruto da minha imaginação? Quando as respostas seriam claras? Quem era a criança violada? O que de fato aconteceu? Tantas indagações que obviamente, por vezes, era como se minha mente ficasse estacionada no tempo tentando adquirir respostas que até então eu não tinha.

Às vezes, passamos por situações que acreditamos que não vamos suportar, as lágrimas parecem ser uma amiga íntima, a dor tenta enraizar no coração e para ajudar, o cenário parece estar preparado para o fim, mas não podemos esquecer de quem pode por fim em uma história é Aquele que está desde antes do início de tudo. O cenário que você vive hoje não pode te paralisar!

A pessoa que eu mencionei que ficaria horas ouvindo me disse o seguinte: "Sou a resposta para você ser curada!" Obviamente eu pensava: "Nisso você está errado, já sou curada desde 2010.". O que eu não fazia ideia é que estava completamente errada, pois os meus lábios diziam que sim, que havia sido de fato restaurada e que a cura interior tinha acontecido e não era apenas falácias, meu coração também me tranquilizava sinalizando que ele tinha "limpado" tudo que havia me acontecido na infância e nos anos seguintes da minha vida adulta, mas será que esse órgão chamado coração não me pregou uma peça? "*Enganoso é o coração, mais do que todas as coisas, e perverso; quem o conhecerá?*" Jeremias 17.9.

Como descobri que não havia sido completamente curada?

Na penúltima quarta-feira de agosto, recebi um pequeno trecho de um filme (eu já havia assistido por duas vezes, mas não havia prestado atenção na música). O filme carrega o título de: "Até o Último homem" e a tradução da música diz: "Você não está escondido, nunca houve um momento que você foi esquecido, você não é sem esperança, embora você tenha sido quebrado, tua inocência roubada, Eu ouço você sussurrar embaixo da sua respiração, Eu ouço seus S.O.S., seus S.O.S., vou mandar um exército para te encontrar". Eu vi o trecho que me foi enviado, ouvi a música e continuei meus afazeres do dia a dia, no sábado eu iria falar sobre paternidade, esse era o tema dos cultos que estavam acontecendo nos sábados de agosto. Então mais ou menos dez horas da manhã daquele sábado, eu resolvi ver novamente o link do filme e quando comecei a ouvir e ler a tradução que estava passando na tela, era como se eu estivesse sendo conduzida novamente a minha infância, fui tomada por uma dor aguda tão forte que as lágrimas escorriam pela minha face com uma sequência tão rápida e doídas que me fizeram ficar sentada na cama imóvel, apenas chorando, vendo tudo o que aconteceu naquela época da minha infância. Quando todo o desbloqueio aconteceu, eu sussurrei algumas palavras: "Por que o senhor fez isso comigo?" Continuei chorando por longos minutos.

As cenas dos pesadelos que eu tinha falava sobre parte da minha infância, sobre a crueldade que eu passei e por anos ficou bloqueada e a pessoa que fez isso foi a que deveria ter sido o meu herói, agora fazia todo o sentido o porque a minh'alma ficava agoniada, aflita. "Ele estava certo, se aproximou para me apresentar a cura interior através de vários detalhes, mas de uma forma específica através da tradução de uma música, que hoje eu percebo que nunca pude me esconder da minha história, que sair do casulo não era somente ver o colorido de outras borboletas e sentir o cheiro das flores pra "voar", era preciso suportar os zumbidos das moscas". Percebi que jamais pude me esconder de Deus, Ele sempre soube da minha história, sempre quis me ver livre desses pesadelos, o meu Criador nunca se esqueceu de mim, não fui abandonada nem por um segundo, Ele ouve minha respiração e o que eu balbucio no meio da agonia, no meio do pranto, o Espírito Santo sempre esteve presente.

Mas eu estava embrulhada no que o meu coração afirmava e no que meus lábios declaravam, então meus olhos estavam vendados e eu não permitia que o antídoto penetrasse na minha ferida, por isso eu ainda não havia sido curada como declarava. E o S.O.S. para mim, hoje, soa como: Sou O Senhor! O Senhor que salva! O Senhor que cura! O Senhor que te ama! O Senhor que resgata! O Senhor que liberta! Depois desse desbloqueio tudo começou a fazer sentido.

Em uma tarde, dentro de um quarto de hospital sem saber o porquê, eu disse ao homem que estava deitado, totalmente impossibilitado de falar, que eu o perdoava por tudo e para minha surpresa, ele chorou (nunca soube se eram lágrimas sinceras, de remorso ou por se encontrar naquela situação); dias depois, ele veio a óbito e mais de 4 anos depois eu soube que ele tinha sido o "monstro" dos meus pesadelos.

Procurei a pessoa que havia sido responsável pela minha cura e contei o ocorrido, não pude ver sua expressão, mas pelas mensagens que surgiam na minha tela percebi que estava perplexo e ao mesmo se sentindo triste, uma das mensagens dizia o seguinte:

Me desculpa! Desculpa por saber que um "homem" fez isso!

Nós não precisamos ficar carregando fardos imensamente pesados, não precisamos permitir que parasitas invadem nossas emoções e se instalem fazendo morada em nosso interior, nos causando medo, dor e amargura, não fomos criados para viver aprisionados por traumas, fomos criados para ter domínio e não ser dominados.

Por anos tive pavor de trovões e relâmpagos, hoje eu tenho medo dos meus pensamentos! As tempestades causam danos, fazem barulhos e te fazem ficar em alerta, porém, os pensamentos gritam silenciosamente e podem ser mortais.

Uma dica preciosa: se permita ser analisada, pois quem está de fora vê o que você não consegue ver.

As cenas dos "sonhos" que eu tinha me "perturbaram" por anos, porém o cenário da minha infância não pôde me paralisar! Não se permita viver tanto tempo bloqueando por traumas!

Agradecimentos finais

Totalmente grata ao Deus Todo-Poderoso, por não somente ter me amado primeiro como também ter respingado o Amor d'Ele em mim, sim porque se Ele não tivesse presente na minha história certamente eu não conseguiria perdoar e prosseguir.

Gratidão a você leitor, porque se você não ler, não faz sentido os autores escreverem, seria como primavera sem flores, festas sem músicas, churrasco sem carnes...

Obrigadinha a você Leonardo, por surgir no momento certo, trazendo a cura interior na minha vida, não sei por quanto tempo mais essa história ficaria bloqueada e os possíveis danos que poderiam surgir, mas fico muito agradecida por tudo, provavelmente você foi o soldado do exército da tradução da música, o escolhido para resgatar a memória de uma de uma criança que teve a inocência roubada e mostrar a mulher que eu posso ser: forte, mas dependente de alguém; fraca, mas fortalecida por Ele; às vezes guerreira, e outras, princesa, mas acima de tudo, sou filha de Deus e uma mulher que pode ir além do que um cenário tentou paralisar.

Grata às pessoas que mais uma vez me incentivaram e mostraram alegria ao saber que eu estaria escrevendo novamente.

Obrigada a Editora Chave Mestra por ter visto em mim o talento que eu não via e estar permitindo o meu aperfeiçoamento da escrita.

"

Não tenha medo das tempestades e sim dos seus pensamentos.

Luh Barbosa

Pra. Luíza Rocha

Sou Luíza Rocha, moro no interior do estado do Rio de Janeiro, na cidade de São Francisco de Itabapoana, com o amor da minha vida Pr. Rodrigo Rocha, com quem sou casada há 23 anos. Juntos temos 3 filhos lindos: Cainã, já casado com Anna Vânya, Ana Luísa e José Lucas.

Sou pastora e junto com meu esposo pastoreamos a Primeira Igreja Batista em Guaxindiba, um povo lindo e amável que pastoreamos há 13 anos. Sou imensamente grata ao Senhor pelo nosso ministério e chamado.

Ainda, tenho a honra de liderar a Rede de Mulheres da igreja, a qual chamamos de "Aliançadas". São mulheres fortes e aliançadas em Deus e umas às outras.

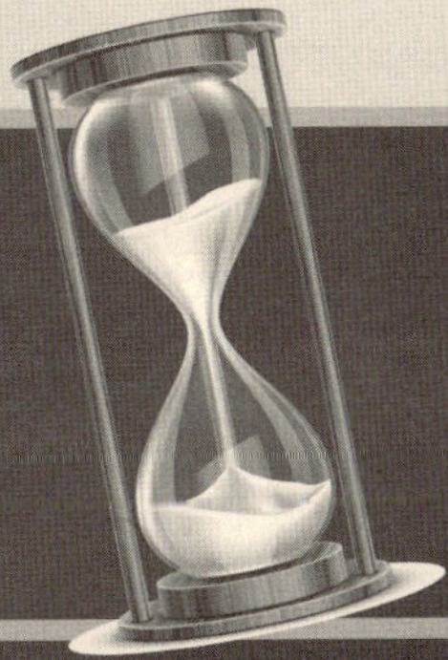

pra.luizarocha

luizarocha.144@hotmail.com

(22) 99829-5919

DEUS NÃO TE DEIXA SÓ

20

Por Pra. Luíza Rocha

Você já sentiu sozinha? Abandonada? Esquecida? Parecendo como se o Senhor não estivesse por perto? Ou como se Deus não se importasse com sua situação? Antes de propriamente começar, eu preciso que você faça um favor, leia o Salmo 139: 5-8.

Para o que iremos conversar, eu gostaria que você colocasse no seu coração que Deus em todo momento está ao nosso lado, mesmo que em silêncio, cuidando de todas as áreas da nossa vida. Então, caso você tenha respondido "sim" para alguma das perguntas acima ou, quem sabe, todas elas, eu gostaria de, com todo amor, edificar sua vida com a minha vida e, com a ajuda de Deus, fazer você entender que Deus não te deixa só.

Era Junho de 2020, quando recebemos uma notícia que abalou as nossas emoções, uma pessoa amada tinha sofrido um acidente gravíssimo! Lamentavelmente, os dias que viriam seriam terríveis pois veio a notícia do seu falecimento. E foi depois dessa triste notícia que, em uma manhã, me levantei e estava me preparando para levar minha filha ao dentista, quando senti uma dormência na minha boca. Percebi que algo estranho estava acontecendo e fui ao espelho e não tinha nada de anormal. Então, segui com os planos do dia. Ao chegar no consultório, senti novamente a dormência; como já estava ali, perguntei à dentista o que poderia ser e ela me perguntou se eu estava sob algum momento de estresse. Naquele momento, compartilhei com ela sobre a situação triste que estávamos vivendo e que no dia seguinte iríamos realizar o velório. Ela então me aconselhou a procurar um neurologista, fiquei preocupada, mas entreguei nas mãos de Deus. Saí do consultório com o Salmo 139 em meus pensamentos:

"Para onde me irei do teu espírito, ou para onde fugirei da tua face?" e minha alma logo bradou dentro de mim: "Deus nunca me deixa só".

À noite fui para a igreja, era dia de culto e como estávamos na pandemia, os cultos eram transmitidos ao vivo pelo YouTube. Quando cheguei lá, novamente veio a sensação que minha boca estava dormente, subi no altar em oração. No mesmo instante, entrei em contato com uma amiga pelo *WhatsApp*, contando o que estava acontecendo e pedindo a ela o contato de um neurologista conhecido e imediatamente ela entrou em contato com o médico.

Ao final do culto, meu marido me chamou para fazer uma oração. Respirei fundo, peguei o microfone, porém a minha voz não saía. Minha língua estava pesada. Eu precisava fazer aquela oração, fechei meus olhos e pedi: "Deus, me ajuda a fazer essa oração". Levei o microfone à boca e fiz uma oração tremenda, como se Deus falasse através de mim. Acabei a oração em lágrimas. Mais uma vez senti: "Deus não me deixa só".

Quando desci do altar e olhei o celular, o médico já tinha me respondido, e me pediu que fizéssemos uma vídeochamada naquele momento. Chegando em casa, logo fiz a chamada com o médico, que me fez algumas perguntas e me instruiu a fazer alguns movimentos. Para minha surpresa e da minha família, logo após a consulta *online*, ele me disse seriamente: "Luíza, preciso te ver com urgência. Eu preciso que você vá ao meu consultório amanhã pela manhã."

Eu disse ao médico que teria um velório pela manhã e que só poderia ir depois. Orei, clamei e pedi a Deus que se eu tivesse tendo alguma coisa séria naquele momento que Ele me guardasse até depois do velório. No outro dia, me levantei e fomos ao velório. Chorei com os que choravam, abracei, consolei, como pastora, amiga e cristã. Depois, entrei em contato com médico que me encaminhou para um município vizinho onde ele estava atendendo. Chegamos lá, o médico já estava a nossa espera. Entramos no consultório e eu contei tudo que estava acontecendo e logo ele começou a me avaliar clinicamente.

Num primeiro instante, ele pediu que eu sentasse na maca, fechasse meus olhos, levantasse as minhas duas mãos e colocasse em posição como se eu estivesse segurando uma bandeja, assim eu deveria ficar por alguns segundos. Passados esses segundos, ele me perguntou: "Luíza, você está segurando a bandeja?". Eu respondi que sim. Ele novamente me perguntou: "Suas duas mãos estão segurando a bandeja?". Eu novamente respondi que sim.

Ele, então, fez um sinal para meu esposo, para ele observar as minhas mãos. E, para espanto do meu esposo, a minha mão esquerda estava totalmente arriada. Em seguida, o doutor pediu para eu abrir os olhos e agora o espanto foi meu. Apesar de eu achar que estava segurando uma bandeja, minhas mãos estavam totalmente desniveladas. O médico então fez vários outros exames clínicos neurológicos e todos só apontavam para uma direção: eu estava tendo um AVC. Assim, imediatamente, ele me encaminhou para o hospital.

Ao saírmos do consultório, eu e meu esposo entramos no carro e fizemos uma oração. Chorávamos muito e, graças à certeza que tínhamos, naquele instante, nosso carro se encheu da presença de Deus. Veio sobre nós uma paz, aquela que excede todo entendimento. Sabíamos que iríamos passar por uma tempestade, no entanto, estávamos certos de que mesmo com a incerteza do futuro, Ele não nos deixaria sós.

Porém dentro de mim havia uma mistura de sentimentos, como medo, insegurança e, principalmente, angústia. Pois veio em meus pensamentos o que vivi no ano anterior, eu havia perdido a minha mãe. Ela havia partido para o Senhor nos meus braços e dentro de mim o meu "eu" tentava roubar a cena e fazer com que eu me sentisse esquecida, abandonada e sozinha. Foi nesse momento que eu percebi que esses pensamentos estavam me conduzindo a um lugar sombrio. Na verdade, eu percebi que pensamentos são poderosos e, por isso, a forma que pensamos pode nos levar a caminhos de morte ou de vida.

Pensar que estamos sozinhas é um erro. Temos um inimigo que tenta, ardilosamente, roubar, matar e destruir aquilo que Deus diz ao nosso respeito. Tudo que o inimigo de nossas almas tenta inculcar na nossa mente é justamente de que Deus nos abandonou. Mesmo com todas as dúvidas e dificuldades que o amanhã pode trazer, entenda que *"Deus não é homem, para que minta; nem filho do homem, para que se arrependa; porventura diria ele, e não o faria? Ou falaria, e não o confirmaria?"* (Números 23:19).

Não importa se é um AVC, uma morte de um parente, uma perda profissional, uma traição ou qualquer outra dificuldade, pensamentos mentirosos são flechas para nos atingir. Guarde isso: não importa se você está "nas nuvens" ou vivendo um " inferno ", Deus estará contigo em todo tempo. Ele não te deixa só.

No hospital, com o diagnóstico de AVC, tive que passar por vários exames, e, repentinamente, meu lado esquerdo estava quase totalmente paralisado, não conseguia sentir parte do meu corpo, o que fez movimentos simples se tornarem quase impossíveis, como ir ao banheiro, comer, andar, pentear meu cabelo e fazer minha higiene pessoal.

No dia a dia, eu pude ver o cuidado de Deus comigo por meio da vida do meu esposo. Ele não me deixou nem um dia, cuidava de mim de uma forma tão linda e amável, me dando comida na boca, banho, escovando meus dentes e em tudo que eu precisava fazer ele estava ao meu lado. Através da vida dele, mais uma vez, meu espírito bradava ao meu medo: "Deus não te deixa só".

Foram 19 dias de internação, fiz ressonâncias, tomografias, exames do coração e até uma pulsão lombar. Mas, em todo tempo, eu e meu esposo nos mantínhamos firmes na Palavra de Deus. Era nítido no rostinho de cada pessoa que entrava no nosso quarto que eles podiam sentir a presença de Deus em nosso meio.

Aliás, numa tarde, uma enfermeira entrou no quarto para trocar o acesso em meu braço e ela entrou de cabeça baixa. Eu pude perceber que as mãos dela estavam trêmulas e como minha outra mão estava livre, eu segurei em sua mão, pedi que ela me olhasse nos meus olhos e fiz uma pergunta: "Está tudo bem com você?". Ela então, levantou a cabeça, e foi quando percebi lágrimas em seu rosto. Ela então disse: "Eu sabia que isso ia acontecer, eu falei que não era para eu entrar aqui, pois sou desviada. Cresci na igreja, mas hoje vivo uma vida de pecado e a presença de Deus que sentimos nesse quarto, eu sabia que quando eu entrasse aqui, eu não iria suportar a presença que tem nesse lugar, eu sabia..."

Então oramos com ela e vimos o agir de Deus na vida daquela moça. Foi naquele exato momento que eu e meu esposo entendemos os planos de Deus, a forma como Ele nos levou para aquele lugar e o que estávamos representando ali. Éramos instrumentos de Deus naquele tempo para um propósito.

Foram dias difíceis, eu pensava em todo tempo nos meus filhos, na minha família, nas pessoas que eu tanto amava, nas minhas ovelhas queridas que o próprio Deus tinha me dado para pastorear. Sentia um imenso aperto em meu coração. Mas quando eu fechava os meus olhos e começava a falar com Deus, soava em minha mente *"Sejam fortes e corajosos. Não tenham medo nem fiquem apavorados por causa deles, pois o Senhor, o seu Deus, vai com vocês; nunca os deixará, nunca os abandonará."* (Deuteronômio 31:6).

Numa manhã, o médico entrou no nosso quarto, conversou comigo e com meu esposo, e disse que, apesar do quadro clínico apontar um AVC ISQUÊMICO, os exames não tinham dado nada e que eu estava bem. Assim, após dias no hospital internada, o médico me encaminhou a uma fisioterapeuta para eu recuperar os meus movimentos do lado esquerdo e me deu ALTA.

Nós choramos de alegria, porque verdadeiramente havíamos recebido um milagre, nós estávamos saindo vitoriosos e com a certeza de que "DEUS NUNCA NOS DEIXA SÓS".

Tudo que vivi me mostrou como Deus não me abandonou e como Ele não abandonou aquela enfermeira. Ele não havia se esquecido de mim e também não havia perdido aquele mulher. Ele a achou dentro daquele hospital, no momento de seu trabalho. Já pensou se eu senti aquilo tudo só para encontrar aquela mulher? Ah, Deus estava comigo o tempo todo e eu quase caí na mentira do diabo. Quantas vezes fazemos isso sem nem perceber?

Pense bem: a experiência de abandono é uma das ferramentas que Deus usa para aperfeiçoar o nosso caráter e vivermos experiências grandiosas. Deus é tão perfeito que usa até a nossa fragilidade para restaurar a nossa força, coragem e fé de que DEUS NUNCA NOS DEIXA SÓ.

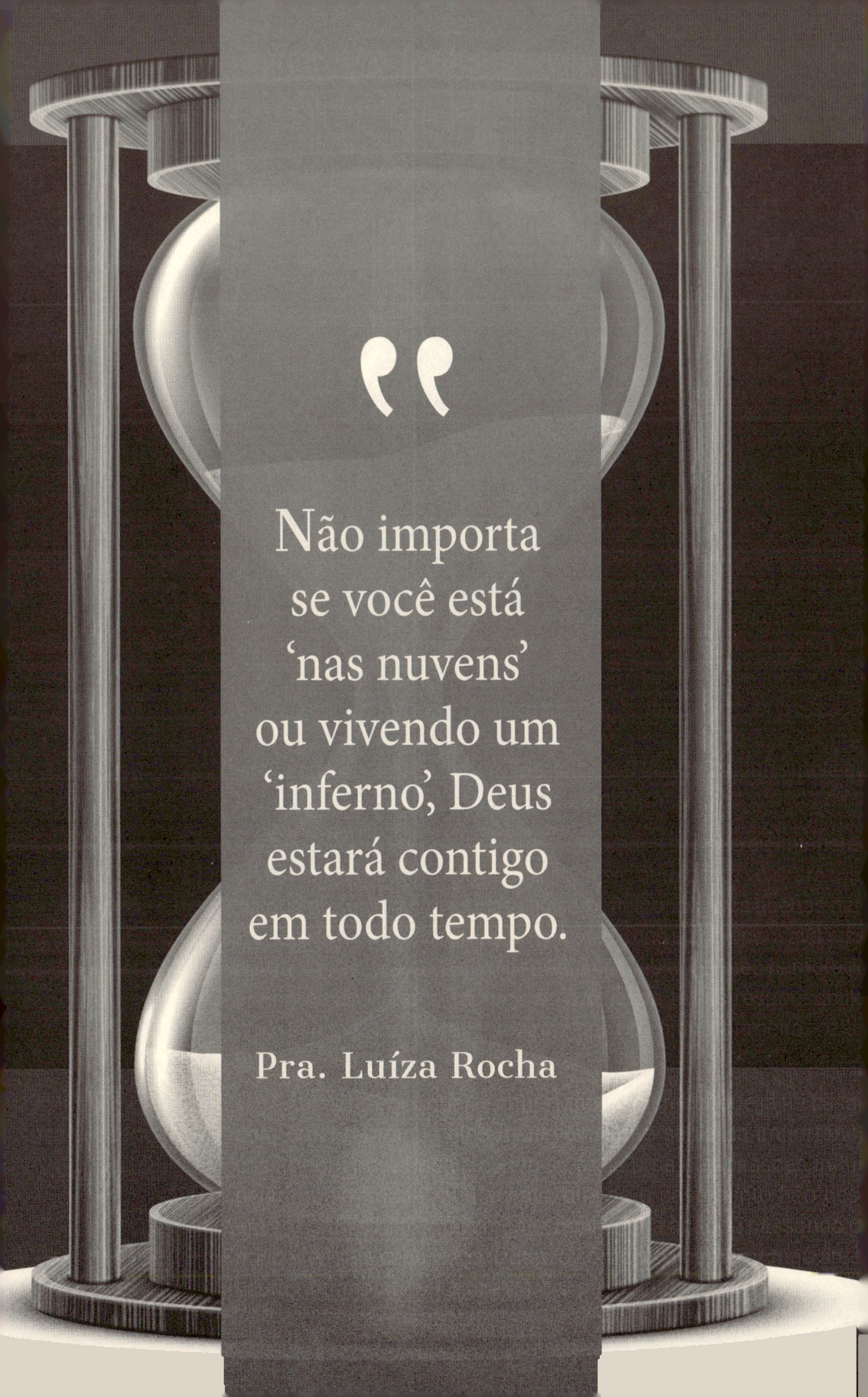

"

Não importa
se você está
'nas nuvens'
ou vivendo um
'inferno', Deus
estará contigo
em todo tempo.

Pra. Luíza Rocha

Marilene Galdino

Sou Marilene Galdino da Silva, natural do Rio de Janeiro/RJ, resido no bairro de Realengo/RJ.

Pós-graduada em Gestão Empresarial, estudante de inglês, trabalho atualmente numa empresa multinacional biofarmacêutica, como analista financeira. Sou integrante do grupo de Diversidade & Inclusão, de pessoas com deficiência nessa mesma empresa.

Membro de Advec Realengo e da equipe do Restaurando Mulheres.

Superação de grandes desafios na vida nos fazem ser exemplos para que outras vidas, sejam transformadas com força, com foco e fé naquele que tudo criou.

marigaldino1802

marilenegaldino1@hotmail.com

+55 (21) 96412-2920

Marilene Galdino

UMA DEFICIÊNCIA PARA UMA CRESCÊNCIA – "SUPERAR PARA RECOMEÇAR"

21

Por Marilene Galdino

Começo esse capítulo buscando, através do Google, o significado da palavra **superação**: "Ato de superar as próprias expectativas ou limitações, de desenvolver habilidades, competências e conhecimentos para alcançar objetivos e realizar sonhos." Aqui, vou tentar descrever uma das maiores superações da minha vida, através desse breve testemunho que espero sim edificar muitas vidas!

E quando de repente sua vida muda completamente, você que nasceu uma pessoa totalmente saudável, acaba sendo acometida de uma enfermidade, na qual você se torna uma pessoa com deficiência? E agora, o que fazer? Desistir, desanimar, reclamar ou superar? Vou começar a descrever todo esse processo rumo ao propósito!

Todos nós somos passíveis de decepções e comigo não foi diferente. Após ter enfrentado uma grande decepção, que me devastou muito emocionalmente, eu precisava buscar algo que pudesse me revirar de dentro pra fora, e isso aconteceu e depois de muita resistência. Me converti em março de 2009, confesso que não foi fácil essa mudança de mente, demorou algum tempo, pois tinha muita coisa enraizada de tradição, fui nascida e criada em berço católico, vivi todas as fases que fazem parte dessa religião, que aos poucos Deus foi trabalhando e fui conhecendo a verdade e o verdadeiro caminho que leva ao Pai: Jesus!

A igreja em que me converti trabalhava com o "Encontro com Deus" e depois de fugir de inúmeros convites, teve um dia que não tive como, pois Deus já tinha marcado na agenda d'Ele esse encontro pessoal comigo e lá, como alguns sabem, "é tremendoooooooooo!!". Nesse dia, minha vida, começou a sofrer a grande reviravolta que eu tanto precisava.

Vi traumas, dores e feridas emocionais, decepções, medos, angústias, frustações serem curadas dentro de mim, de uma maneira sobrenatural. Lá mesmo fui logo batizada, tinha muitas dúvidas pois tudo ali era algo muito diferente de tudo aquilo que estava acostumada, mas Deus tinha um plano e ali mesmo precisava sepultar a velha mulher e nascer para uma nova vida.

Uma das coisas mais marcantes, nesse final de semana do Encontro com Deus foi a ministração sobre perdão. Foi difícil, confesso, porém aprendi para nunca mais esquecer, o que era liberar perdão. Sim, o perdão, algo que muita gente tem tanta dificuldade de entender e de praticar. Como perdoar uma pessoa que te fez tão mal? Como esquecer? Como pedir perdão a alguém, se é você que está certa? Questões essas que pra muitos nunca são resolvidas, e devido a isso, por anos carregamos verdadeiros cemitérios com pessoas dentro de nós, que nos fizeram muito mal. Hoje entendo que muitas delas foram canal para que esse momento que estou vivendo acontecesse. Todas foram perdoadas e estão liberadas da minha vida.

Minha conversão foi algo tão necessário naquele ano de 2009, que vivi intensamente essa conversão! Vivi o que todos falam sobre "o primeiro amor", como é maravilhoso sentir isso, ficar mergulhada nesse amor de Deus por nós!

E fui vivendo, uma atrás da outra, experiências maravilhosas com Ele, achava que tinha me tornado uma pessoa intocável e que nada de mal mais iria me atingir, não tinha como, pois eu estava guardada por Aquele que não dorme nunca, Aquele que nunca perdeu uma batalha. No meu entendimento, todo passado tinha sido apagado e estava vivendo uma nova vida, agora seria uma vida só de vitórias. Porém, como viver um propósito sem processo?

Em 2014, a empresa a qual trabalhava, estava sendo desmobilizada e seria fechada e como eu trabalhava no financeiro, seria a última a apagar a luz, com isso, saindo tarde do trabalho e vivendo dias de muitos estresse. Em novembro desse mesmo ano, após sair do trabalho com muitas dores de cabeça, pensando ser a famosa enxaqueca, passei uns dias com ela, indo trabalhar normalmente. Porém, teve um dia que não teve como, pois além da dor, meus olhos ficaram muito vermelhos, e logo pensei que além da enxaqueca, agora eu tinha conjuntivite. Porém, era uma conjuntivite estranha, pois não curava no tempo que normalmente se cura, de 7 a 10 dias. Virei o ano assim, com essa enfermidade até então desconhecida.

Em 2015, comecei a buscar vários oftalmologistas e eles trocavam somente de colírio e nada de melhorar, nas minhas contas eu já tinha ido em 4 e nada de melhora e com isso o tempo foi passando e passando. Ao entrar em uma ótica em Madureira, um bairro aqui do Rio de Janeiro, acompanhando uma pessoa da família que iria fazer um serviço, ela sem saber o que eu estava passando, a vendedora me indicou uma clínica totalmente especializada em doenças dos olhos. Ali mesmo, dentro da loja, liguei e marquei a consulta para o dia seguinte.

Ao chegar na consulta, a temida surpresa, a médica me disse: "Teremos que correr com seu tratamento pois você está perdendo as 2 visões, devido ao diagnóstico de toxoplasmose". Algo inesperado, pois é uma doença em que o gato é hospedeiro e eu nunca possui gatos ou qualquer animal de estimação. Resumindo, nunca vou ter certeza de onde surgiu essa doença na minha vida. Naquele momento, meu mundo caiu, tanto de medo como de susto, do que seria da minha vida dali pra frente.

Comecei um longo tratamento, que foi praticamente o ano de 2015 inteiro, exames, consultas, enfim idas e vindas intermináveis aos oftalmologistas. Até que foram necessárias duas cirurgias e após essas cirurgias, o resultado foi que a "cicatriz" que a toxoplasmose deixou me fez perder 95% da visão do olho direito. E agora, como e por onde começar? Tinha acabado de comprar meu carro zero, como dirigir sem uma das visões? Estava desempregada e precisava voltar a trabalhar, mas como se a saúde já não era mais a mesma? E as contas pra pagar? E a vida pra continuar? Como recomeçar?

Após os últimos exames e constatações que não tinha mais jeito, a minha médica me deu o direcionamento de começar a procurar empregos de PCD (pessoa com deficiência). Comecei a buscar e consegui voltar ao mercado de trabalho no ano 2016, em uma vaga de PCD, porém ganhando bem menos que ganhava anteriormente, porque para muitas empresas, pessoas com deficiência são apenas para cumprir cotas, os salários são bem baixos e as oportunidades de crescimentos são quase zero.

O termo capacitismo é utilizado para expressar a discriminação contra pessoas com deficiência. O capacitismo funda-se na concepção de que existe um padrão corporal ideal, típico da espécie humana e de que a inadequação a esse padrão torna as pessoas incapazes para as atividades na sociedade, porém, isso tem mudado bastante nas empresas. O tema de inclusão tem sido amplamente discutido e tem ganhado bastante espaço, pois a pessoas com deficiência, sim, são capazes de desenvolver qualquer atividade como uma pessoa sem qualquer deficiência, o que elas precisam é de oportunidade.

Porém a palavra de Deus diz em Jeremias 29:11 *"Porque sou eu que conheço os planos que tenho para vocês, diz o Senhor, planos de fazê-los prosperar e não de causar dano, planos de dar a vocês esperança e um futuro"*. E Ele tinha um plano! Tudo pra glorificar o nome d'Ele na minha vida e de uma maneira extraordinária!

Ainda há tempo pra recomeçar, esse é o tema do livro. Tudo isso estava escrito e eu precisava passar, para hoje estar escrevendo em lágrimas essas linhas, pois foi um processo doloroso, porém vitorioso.

Hebreus 13:5b diz: *"pois Deus disse: 'Eu nunca os deixarei e jamais os abandonarei.'"*. Ele sempre esteve comigo, me preparando, me moldando, me sustentando e nesse momento Ele também está aí com você que está lendo esse testemunho.

Após a minha deficiência, já passei por três grandes empresas e atualmente trabalho há 5 anos numa multinacional farmacêutica, onde tenho igualdade de oportunidades e crescimento de carreira, um verdadeiro presente de Deus, já fui até promovida de cargo. Hoje eu digo: eu tenho a marca da promessa! Porque essa marca me abre portas!

Meu grande sonho também era voltar a dirigir, hoje dirijo normalmente porque para Deus não há nada impossível!!! (Lucas 1:37)

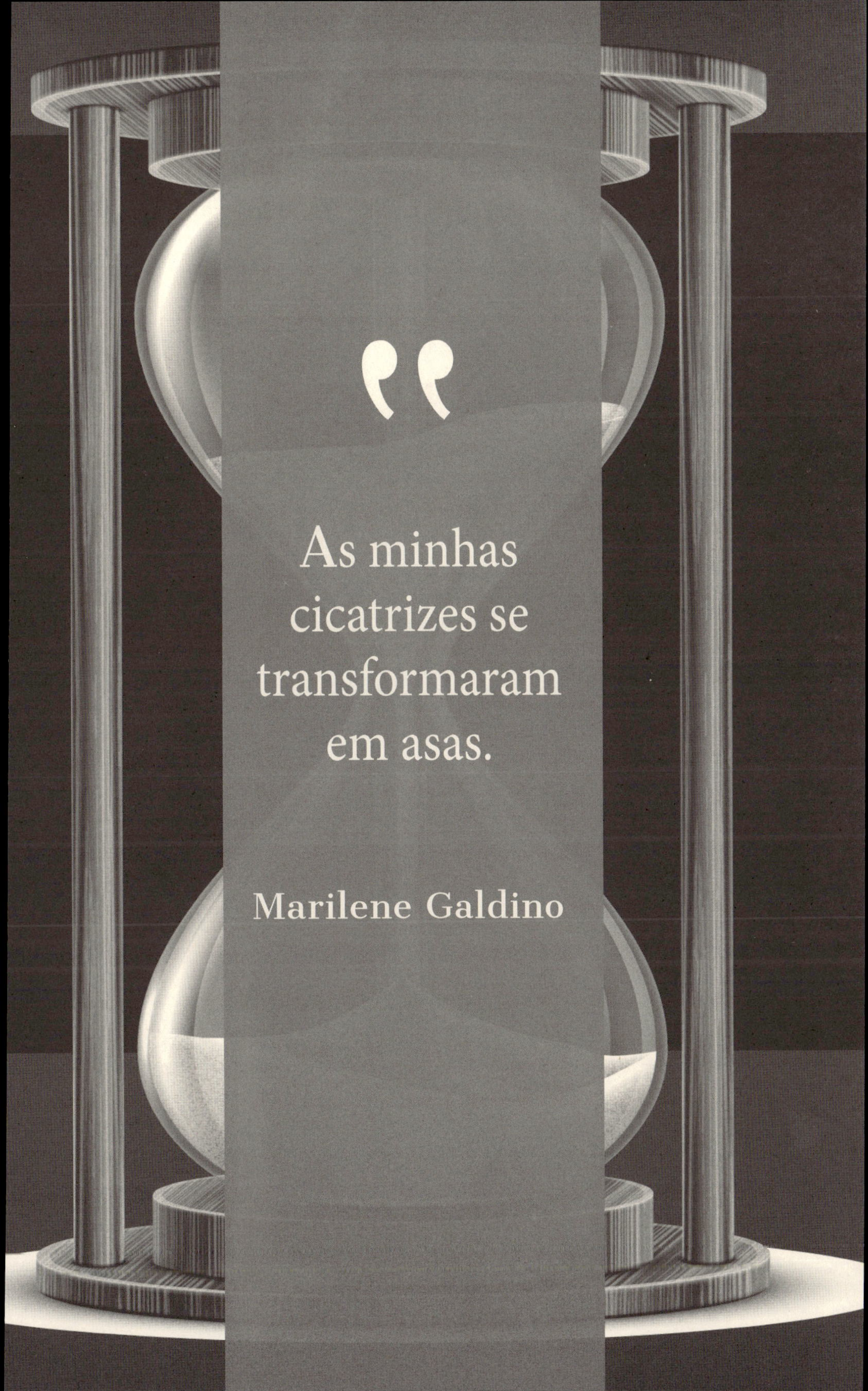

"

As minhas cicatrizes se transformaram em asas.

Marilene Galdino

Marystella Mendonça

Olá! Graça e Paz! Eu me chamo Marystella Mendonça e como gosto de me identificar na minha rede social, sou filha, irmã, MÃE, tia, advogada. Desde 5 de dezembro de 2021, serva do Senhor.

Sou membro da Igreja do Amor de São Luís/MA, onde lidero, juntamente com irmã Alexsandra Caldas, o Ministério Recomeço. Faço parte do ministério de mulheres Todas Por Um da nossa Igreja. Sou líder da célula Fala Deus e voluntária no Ministério Guardiões do Templo.

Hoje, também estudante de Teologia que não se contenta com o raso e quer mergulhar cada vez mais e mais profundo no relacionamento com o Senhor e compartilhar do imenso amor que tenho pelo meu Senhor e Salvador... pelo meu Pai.

marystellamendonca

mendoncamary73@gmail.com

+55 (98) 98145-0217

A CHAVE LIBERTADORA DO PERDÃO

22

Por Marystella Mendonça

"Porque, se perdoardes aos homens as suas ofensas, também vosso Pai celestial vos perdoará a vós. Se, porém, não perdoardes aos homens as suas ofensas, também vosso Pai vos não perdoará as vossas ofensas." Mateus 6.14,15.

O agir de Deus é algo que ninguém explica, só vive. Antes de começar o meu testemunho, necessário se faz compartilhar com vocês como cheguei aqui. No dia 21 de setembro fui contactada, através da minha página no Instagram, pela querida Débora, executiva comercial da Editora Chave Mestra para participar da obra "Histórias escritas por Deus" onde, através do meu testemunho, pessoas seriam impactadas. Meu coração quase explodiu de emoção. No dia anterior, no intervalo do almoço, estava conversando com meu amigo e colega de trabalho, Wesley, e ele perguntou se eu não tinha desejo de escrever um livro contando sobre o meu testemunho... coincidência? Não! Agir de Deus.

No entanto, logo em seguida, tive uma séria lesão na córnea o que me impossibilitava tanto de escrever quanto de ler, e não conversei mais com Débora. O tempo passou, o Senhor me curou e imediatamente aquele convite começou a gritar em meu coração. No dia 30 de outubro, entrei em contato com Débora, esclareci o que havia acontecido e ela explicou que o livro para o qual havia me convidado tinha esgotado, mas havia um outro projeto: "Mulheres Restaurando Mulheres" e aqui estou eu, uma serva do Senhor, uma filha apaixonada pelo Pai, capacitada a dar este testemunho porque me permiti ser lapidada pelo Espírito Santo, meu inseparável amigo e, como barro, me coloquei nas mãos do Oleiro para poder viver a minha verdadeira identidade.

Então vamos lá... mãos à obra: por que iniciar o capítulo com o versículo acima? Porque se tem algo que me apavora é perder o perdão de meu Pai... minhas amadas irmãs, só alcançaremos o perdão de forma vertical se estivermos dispostos a praticá-lo de forma horizontal.

25 de maio de 1997... eu conheci o ódio... meu pai, delegado da polícia civil do estado do Maranhão, foi assassinado com 5 tiros em plena Avenida Litorânea, numa manhã de domingo, na minha cidade, São Luís. Meu pai não teve nenhuma chance de defesa. Após o sepultarmos, o bando tentou invadir a nossa residência, pois a ordem era eliminar toda a família, mas para honra e glória do meu Senhor, cá estamos, as 3 mulheres (minha mãe Marília, eu e minha irmã Stella Bianca), unidas e, graças ao cuidado do nosso Pai, hoje somos 5, eu e minha irmã somos mães de duas moças lindas, Giovanna e Kamályca.

Meu coração estava endurecido... vivia um dilema, amava o meu Senhor, mas odiava com todas as minhas forças quem tanto nos feriu. Esse foi um dos períodos mais difíceis da minha vida. Era tão sério o sentimento que eu nutria, que eu não orava mais o Pai Nosso "*... perdoai-nos as nossas ofensas, assim como nós perdoamos a quem nos tem ofendido...*". Era hipocrisia da minha parte repetir tais palavras, uma vez que eu não vivia isso. Como eu poderia repetir isso, odiando tanto? Quando alguém chegava para mim e dizia que eu precisava perdoar, eu respondia, cheia de ira, que ainda que eu falasse que havia perdoado, seria "da boca pra fora" e, mesmo que todo mundo acreditasse, meu Deus conhecia meu coração e saberia que eu não estava sendo verdadeira... aos olhos dos homens tudo estaria resolvido, mas aos olhos de Deus, não.

Anos se passaram e eu continuamente me envenenava... o ódio só faz mal para quem o sente. É um veneno que ingerimos diariamente... Em um determinado momento, comecei a sentir um enorme vazio. Eu professava outra religião e o fogo em meu coração não queimava mais.

Foi então que comecei a procurar uma igreja evangélica. Assisti alguns cultos e nada... Um dia, meu amigo/irmão Pedro, que já estava morando em Recife/PE, mandou um vídeo de um louvor da igreja que ele estava frequentando e Deus falou muito ao meu coração. E ele disse que aquela era a minha igreja, mas como poderia ser se eu morava em outro estado? Mas como sempre, o agir de Deus é certo em nossas vidas. A caminho do trabalho, caminho que eu faço todos os dias, pela primeira vez olhei a placa "Igreja do Amor". Tirei uma foto e mandei para meu amigo, que reafirmou que aquela era a minha igreja. A igreja ainda não havia sido inaugurada.

Pouco tempo depois, em uma viagem para realizar o desafio do delta com meu irmão Fábio, soube que ele era da Igreja do Amor e que a mesma seria inaugurada no dia 5 de dezembro de 2021! É óbvio que a mão do Senhor estava me guiando!

Enfim, chegou o grande dia da inauguração da igreja em São Luís! Impossível descrever tudo o que eu estava sentindo. Quando cheguei ao local, já senti o mover do Espírito Santo... foi sobrenatural aquele momento. E enquanto eu estava ali na igreja, o Senhor falava ao meu coração. E enquanto o Senhor falava ao meu coração, era como se eu estivesse ali, ao lado de Jesus, vendo tudo aquilo que Ele passou por mim, por cada um de nós... nós o traímos da forma mais vil, mas Ele nos perdoou... Ele não lançou palavras ao vento e simplesmente disse: Façam o que Eu falo. Não! Ele falou e viveu. Jesus foi maltratado, humilhado, torturado e no ápice do sofrimento, Ele decidiu nos perdoar... PERDOAR É UMA DECISÃO! Naquele dia, eu entreguei a minha vida a Jesus... Ao sair da igreja, ainda fiquei parada dentro do meu carro por mais ou menos uma hora tentando entender tudo o que eu havia vivido e sentido naquela noite.

Naquela noite, houve uma virada de chave em minha vida. Tantas situações passavam em minha mente e essa em específico. Perdoar! O que antes para mim era impossível de acontecer, o Senhor veio, me pegou pela mão e conversou comigo... Minhas irmãs, não é por nós, mas pelo Espírito Santo que habita em nós. Pela nossa natureza humana é impossível perdoar, mas quando nos colocamos nas mãos do Senhor, o milagre acontece... Pelo poder do perdão, vi toda a minha vida começar a mudar. Antes eu odiava com todas as minhas forças, a partir daquela noite, eu comecei a buscar a Deus com todas as minhas forças. Passei a mergulhar na Palavra diariamente. A partir daquela noite, eu passei a rasgar o meu coração ao Senhor. Foi tão avassalador o que eu senti que eu queria mais, então eu buscava mais e pelo agir do Espírito Santo, como barro nas mãos do Oleiro, eu comecei a ser lapidada... perdoar a outrem, perdoar a si... Quando Deus nos recebe, Ele nos aceita como estamos, mas, por amor, não permite que permaneçamos como chegamos.

Meu coração não era mais palco do inimigo. Quando perdoamos, estamos dando uma nova chance a nós mesmas. Estamos abrindo uma porta para que a felicidade simplesmente entre. Em Romanos 12:21 está escrito: *"Não te deixes vencer do mal, mas vence o mal com o bem"*. Não permita que o seu coração se feche para o perdão. Entregue-se ao Senhor sem reservas, somente assim experimentarás os planos que o Senhor tem para cada uma de vocês.

E o tempo passou... e lá estava eu, no meu momento, debruçada no livro de Gênesis, mais precisamente capítulo 22 que na minha Bíblia tem, como título: "*Deus manda Abraão matar seu filho Isaque*". Forte né? Não é por acaso que Abraão é conhecido como o pai da fé. Deus estava testando a fé de Abraão? Deus queria ter certeza da fé de Abraão? Deus queria saber como Abraão reagiria? É óbvio que não! Deus sabe de todas as coisas. Ele sabe o fim de tudo. Ele sabe até o que ainda nem chegou em nossos pensamentos! Então, o que o Senhor pretendia? Penso eu que nosso Pai queria mostrar para o próprio Abraão o tamanho da sua fé. E por que eu trouxe essa passagem? Porque pouco tempo depois, foi exatamente o que Senhor fez comigo.

2022, eleição para presidente. Eu nunca trabalhei em nenhuma eleição, mas nessa eu atuei como delegada. E estava tranquilamente na minha zona eleitoral conversando com a presidente da seção, quando me deparei com o improvável. Um casal saiu da seção e passou por mim. Já tinham votado. Quando o casal já estava a uma certa distância, a mesária correu para chamá-los de volta, pois tinham esquecido o celular na sala. Não era mais fácil ela ir até eles? Mas o Senhor tinha um propósito. Quando eles viraram, eu os reconheci imediatamente, eram dois dos mandantes do assassinato do meu pai... e enquanto eles se aproximavam, eu conversava com meu Pai Celestial: "O Senhor vai fazer isso mesmo?" E eles vieram sim, em minha direção. A esposa, que ameaçou minha mãe de morte, parou na minha frente e me deu bom dia e eu respondi: "Bom dia...", eles pegaram o celular e seguiram. Eu estava perplexa. Em outro momento, eu sei bem como seria a minha reação. No entanto, eu estava ali, parada, sem sentir absolutamente nada... meu coração estava curado. Fui para o meu carro e chorei de emoção... Imediatamente, lembrei da história de Abraão. O Senhor sabia como eu reagiria, mas eu não sabia. Ele queria me mostrar que eu realmente não estava mais no passado. Hoje sou livre e feliz.

Minhas irmãs, perdoar, antes de tudo, é uma decisão, mas não é fácil tomá-la. É necessário darmos o primeiro passo; silenciar o mundo e ouvir o sussurro de Deus. É necessário permitir que o Espírito Santo atue em nós... um dia nós recebemos perdão, por isso estamos aqui e fomos elevadas à categoria de filhas. Se submeta, perdoe. Queira viver essa transformação e viva tudo o que Deus tem para você.

Com amor,

Marystella Mendonça.

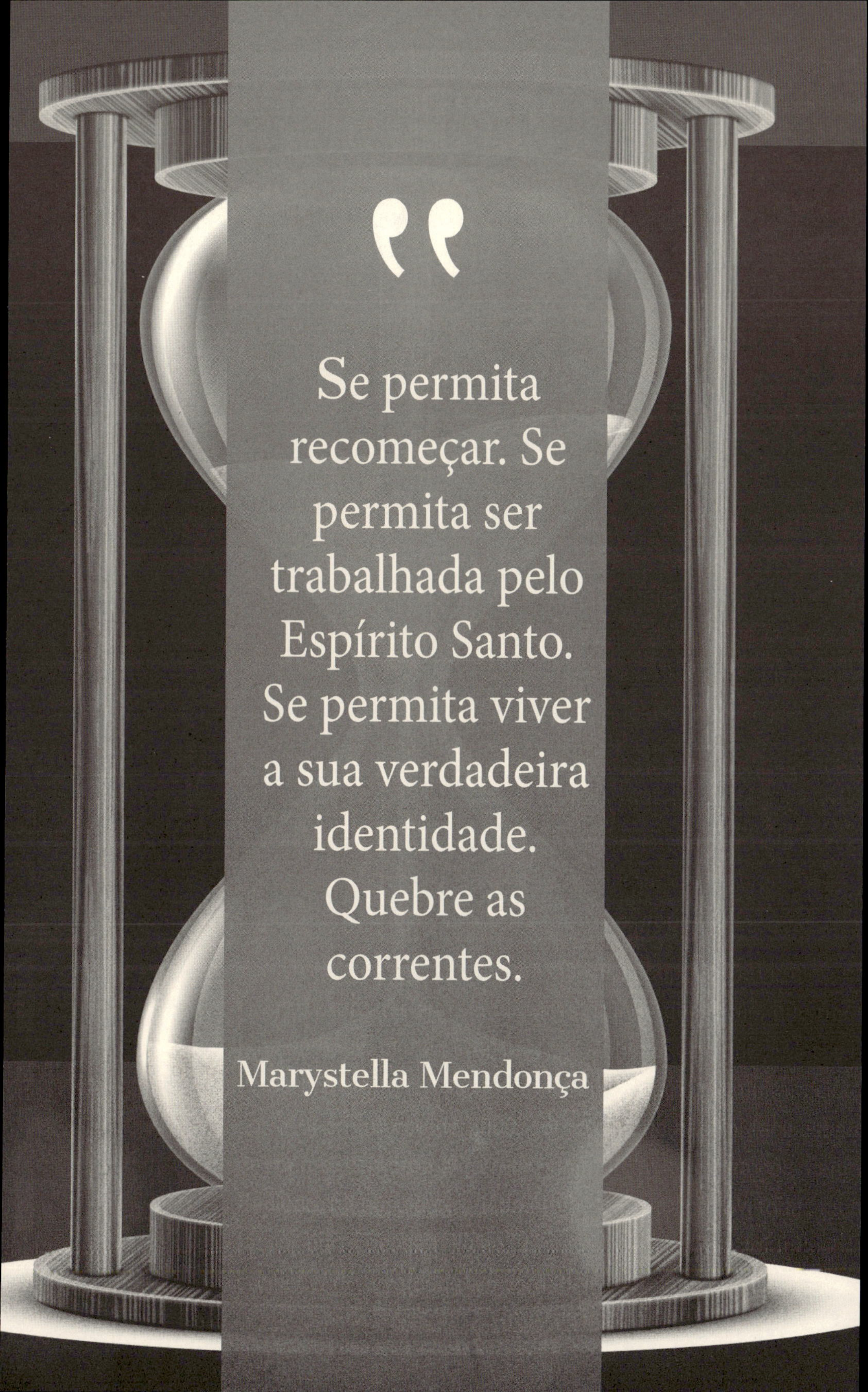

"

Se permita recomeçar. Se permita ser trabalhada pelo Espírito Santo. Se permita viver a sua verdadeira identidade. Quebre as correntes.

Marystella Mendonça

Monique Martins

Sou Monique, de Palhoça, Santa Catarina e aqui em casa somos em quatro: Eu, meu marido Vinicius e as crianças: Laura e José Davi.

Sou formada e pós-graduada em Educação Física e atuei por alguns anos até conseguir abrir minha própria academia, onde trabalho desde então. Sete anos depois, iniciei também um outro negócio - uma papelaria virtual - onde pudesse trabalhar no contraturno da academia. Tanto trabalho quase me custou a minha família, pois eu não tinha tempo para nada mais. Para a glória de Deus, essa realidade mudou.

Depois da experiência que irei contar nesse capítulo, muita coisa aconteceu, inclusive no âmbito profissional, onde recebi uma proposta para estudar e me formar terapeuta, e assim, através da minha experiência pessoal (e de muito estudo), pudesse ajudar outras pessoas a buscarem restauração. Não sei exatamente como serão as coisas daqui para frente, tenho ido somente onde Deus me mandar.

monimartinstruppel

moniquemartins.core@gmail.com

23 DEUS RESTAURA TODAS AS COISAS

Por Monique Martins

Minha história, assim como muitas outras, começa num momento de muita dor. Nesse momento, eu era uma pessoa que frequentava uma igreja e acreditava que isso já era suficiente para estar próxima de Deus, mas não seguia seus princípios, não conhecia suas leis e não fazia ideia do que era ser uma esposa segundo aquilo que Deus determinou. Meu filho mais novo tinha apenas 7 meses quando, durante uma briga, falei para meu marido que se ele não mudasse os comportamentos que estavam me incomodando, era para ele ir embora. Já havia feito isso antes e ele nunca tinha ido e quando ia, logo voltava, porém dessa vez foi diferente.

Estávamos namorando há quatro anos quando eu inesperadamente engravidei. Até então, ele nunca havia se mudado de vez para minha casa, porque eu sempre deixei claro que era melhor sermos apenas namorados. Ele comentava que gostaria de se casar, mas eu não pensava nisso, e para mim a situação estava confortável, afinal eu tinha meu namorado sempre comigo e ao mesmo tempo não precisava ter as responsabilidades de uma esposa. Eu morava sozinha com a minha primeira - e até então, única – filha.

Antes de continuar, é importante esclarecer que já fui casada antes, com o pai da minha filha mais velha, não sabia da importância de um casamento para Deus e eu era só mais uma das pessoas influenciadas pela "modernidade" que achava que se o casamento não desse certo, era só se divorciar. Infelizmente, minha filha acabou passando por toda a dor de ter pais separados. Quando comecei a namorar meu atual marido, Laura já tinha seus 4 aninhos e o pai dela havia se mudado para outro país, mas apesar da distância física, ele sempre esteve em contato com ela. Hoje eu e o pai da Laura temos uma ótima convivência no que diz respeito a nossa filha, e assim como eu, ele constituiu família, e a Laura além de ter um pai amoroso, tem também uma madrasta que adoramos e uma irmãzinha linda.

Agora voltando para a minha história, quando eu descobri que seria mãe pela segunda vez e que nem casada com o pai desse bebê eu estava, algo começou a mudar dentro de mim. Senti um medo de acabar virando mãe solteira de duas crianças e com dois pais diferentes e embora ouvisse muito que isso era completamente normal, eu sentia que não queria aquilo para mim. Para minha surpresa, fui pedida em casamento no dia que fizemos o chá para revelar o sexo do nosso bebê, e como eu já havia mudado de ideia sobre nunca mais me casar, é claro que eu aceitei. Mesmo com o "susto" de uma gravidez não planejada, estávamos felizes com a ideia de ter um bebê – o primeiro filho dele – e assim, oficialmente noivos, começamos a conversar acerca das mudanças que teriam que acontecer.

Nosso relacionamento que já era cheio de discussões, começou a ficar ainda pior. Eu comecei a cobrá-lo por mais posicionamento de marido, já que ele ainda era dependente financeiro da mãe e morava com ela, e ele começou a sentir o peso da responsabilidade. Quanto mais eu cobrava, mais ele se afastava e isso me desestabilizou, o que gerou muita insegurança em mim. Não procurei entender o que estava acontecendo, pelo contrário, só discutia mais e mais e o maltratava com palavras e atitudes grosseiras. Ainda assim, antes do bebê nascer, ele finalmente se mudou de vez para nossa casa, mas continuava distante, passando horas na casa da mãe.

De início, quando o bebê nasceu, ele ficou mais presente, porém com o passar dos dias, as brigas foram aumentando e ele voltou a ficar longe. Tinha dias que almoçava, tomava café da tarde e jantava na casa da mãe. Eu, por outro lado, não oferecia nenhum acolhimento na nossa casa e achava um absurdo ele não preparar as próprias refeições e por isso preferir "correr" para a casa da mãe dele. Mesmo com essa relação turbulenta, quando nosso filho tinha um mês de vida, finalmente realizamos nosso casamento no civil. Eu não cumpria com o meu papel de esposa e ele não cumpria com o papel de marido. Não tínhamos ideia do que estávamos fazendo.

As discussões só pioravam, até que chegou o dia em que meu marido colocou as coisas dele no carro e foi embora, sem olhar para trás.

Sofri, mas mantinha aquela esperança de que logo ele estaria de volta e completamente mudado. Passados alguns dias e sem nenhum sinal de arrependimento por parte dele, eu tentei contato falando sobre os horários para ele buscar o nosso filho, mas ele completamente frio só respondeu o básico. Como de costume, me exaltei e tentei iniciar uma briga, mas ele parecia completamente vazio de sentimentos. Ele me ignorou por completo. Na segunda semana em que ele estava fora de casa, tentei conversar mais uma vez, porém agora sobre nós dois. Embora nunca tenha pedido para que ele voltasse para casa, mandei mensagem dizendo que sentia saudade e que o amava muito, e mais uma vez ele ignorou. Quando perguntei se ele achava que o divórcio era a melhor opção para nós, ele simplesmente respondeu: "Foi uma decisão difícil, mas sabemos que foi a melhor."

Nesse momento meu mundo caiu e embora tenha me contido e não respondido mais nada, eu senti uma dor enorme por perceber o tamanho do desprezo que ele estava sentindo por mim, e eu só sabia me culpar por ter feito alguma coisa muito errada - mas que eu ainda não sabia o que - para que aquele homem que era completamente apaixonado antes, tivesse se transformado naquela pessoa fria. Chorei por horas e de joelhos comecei a orar e a pedir para Deus me ajudar.

Poucas horas após esse pedido de socorro, Deus na sua infinita misericórdia me enviou uma pessoa que foi essencial nesse meu processo: a pastora Luciana, que ao saber através da sua filha que eu estava passando por um deserto, pediu meu número de telefone e me chamou nesse mesmo dia. Deus agiu através dela e foi a partir dali que eu comecei a minha entrega a Cristo.

Comecei a consumir conteúdos sobre restauração, orar com muito mais fervor, ir à igreja em todos os cultos, ler sobre a Palavra de Deus e voltei a cuidar de mim e dos meus filhos, porque até então eu estava completamente sem forças e mal comia ou conseguia trabalhar. A pastora Luciana seguia todos os dias orando por mim e acalmando meu coração quando as coisas ficavam difíceis e eu seguia na minha entrega. Nesse processo, comecei a olhar mais pra mim e a ver todas as coisas nas quais vinha errando há muitos anos e clamando a Deus para que Ele me mudasse por completo, pois eu não queria mais ser aquela pessoa.

Certo dia, eu lendo conversas antigas entre nós dois, percebi como eu era grosseira – na maioria das vezes, sem motivo algum – e como usava palavras para rebaixá-lo e humilhá-lo, inclusive usando de dores que ele tinha, como a ausência do pai, para lhe machucar. Sempre muito autoritária, tentando controlar a vida dele e ao mesmo tempo o deixando de lado. Essa era eu.

Esse processo de identificar e assumir para mim mesma os meus erros, me fez sentir um remorso que não podia imaginar. Tive vontade de procurar meu marido e falar tudo que tinha percebido e de lhe pedir perdão, mas eu sabia que seria inútil, visto que ele se quer queria contato comigo. Meus defeitos não excluíam os defeitos ou erros dele, porém eu tinha certeza de que se eu tivesse tido um comportamento diferente, isso iria impactá-lo a ser diferente também. Mas agora era tarde demais.

Quanto mais triste eu ficava, mais eu buscava forças em Deus, até que um dia na igreja que eu frequento, o bispo que estava pregando naquela noite com a igreja lotada, desceu do palco e veio na minha direção. Ele não me conhecia e quando chegou perto perguntou meu nome e eu respondi. Ele mirou nos meus olhos e falou: "Monique, Deus manda te dar uma ordem - manifeste-se! E o milagre vai acontecer dentro de você". Naquele instante eu senti algo que nunca havia sentido antes e eu chorei sem parar durante o restante do culto. Chegando em casa, eu me ajoelhei e pedi a Deus que se manifestasse em mim e comecei a sentir muito forte a presença de Deus naquele ambiente e sabia que jamais me sentiria sozinha outra vez. Depois desse dia, eu comecei a estudar a Bíblia e a orar com mais fervor. Minhas orações não eram mais como antes e eu sentia que Deus estava comigo onde quer que eu fosse.

Não via meios de meu marido, até então irredutível em querer ter contato comigo, mudar de ideia e segui minha busca pela minha restauração pessoal, pois havia entendido que se eu não mudasse, jamais daria certo em um relacionamento com ninguém. Confesso que tinha fé de que minha família seria restaurada, porém não sabia quando, por isso evitei me apegar a ideia de que fosse em breve. Em certo momento, quando estava mais em paz e sem nenhum tipo de contato com meu marido, tampouco querendo saber sobre a vida dele, eu recebi uma mensagem confusa dele falando sobre nós.

De início, não estava entendendo o que ele queria, até que ele falou declaradamente que sentia muito e que ainda me amava. Eu não sabia se ele estava falando sério ou se estava me testando, porque o comportamento dele durante o tempo em que ficamos separados era de alguém que jamais voltaria atrás. Não podia acreditar no que estava vendo e imediatamente orei e pedi a Deus discernimento do que fazer e como agir, porque não esperava essa atitude dele tão cedo.

Começamos a conversar e ele percebeu através do meu comportamento que eu havia mudado e eu expliquei que jamais iria querer um relacionamento como o que tínhamos antes e que tudo tinha dado errado porque nunca deixamos Deus como o centro da nossa relação. Tiramos Deus do lugar em que ele deveria estar – o primeiro lugar nas nossas vidas - e por isso estávamos fadados ao fracasso. Ele ficou interessado em buscar mais a Deus e após algumas conversas ele retornou para casa. O restante da história vai ter que ficar para um próximo capítulo, em outra ocasião, mas preciso enaltecer que Deus nos dá muito mais do que podemos imaginar e que a glória da segunda casa é muito maior do que a primeira. Deus me restaurou e através da minha restauração, restaurou minha família. Jamais duvide do poder que Deus tem quando permitimos que ele entre na nossa vida e faça tudo novo – de novo!

"

Jamais duvide
do poder
que Deus
tem quando
permitimos
que ele entre
na nossa vida e
faça tudo novo
– de novo!

Monique Martins

Jamaica
Santo Domingo
Cartagena

Nathália Vieira

Sou serva do Deus altíssimo, escolhida pela graça, carioca, filha de Alexandre e Aparecida, esposa de Jizreel e mãe do Kaleb, sou apaixonada pela minha família e o ministério que o Senhor confiou a mim. Congrego na Assembleia de Deus ministério Novo Horizonte/RJ, desde a minha conversão. Sou psicóloga clínica, psicanalista e palestrante, possuo bacharel em Teologia e Psicologia Pastoral. Dentre as diversas especializações profissionais e ministeriais estão as de sexóloga, terapeuta de casal e família, capelã hospitalar e juiz de paz.

Recebi o prêmio Top of Mind Brazil como reconhecimento nacional, na categoria de melhor psicóloga da região (RJ). Sou escritora de cinco obras e idealizadora do projeto "Mulheres Florescendo no Deserto", que visa ajudar mulheres nas áreas psíquica e espiritual.

nathalia_vieiraoficial

psicóloga_nathaliavieira@yahoo.com

Nathália Vieira

(21) 96546-9535

QUANDO A ALMA É CURADA, A IDENTIDADE É RESTAURADA

24

Por Nathália Vieira

Ser uma mulher que restaura outras mulheres é ter o privilégio de ser escolhida por aquele que nos formou ainda no ventre de nossa mãe e como todo propósito existe o processo que nos prepara para que possamos estar habilitada para o cumprimento dessa árdua e nobre missão, sim! O processo dói, mas o propósito cura!

Em Isaías 43:1, mostra que Deus nos chama pelo nome, Ele nos deu uma identidade, porém mediante aos desafios da vida, sofremos alguns impactos que geram traumas, como sentimentos destrutíveis, causando guerras interiores que afetam e dilaceram a alma e quanto maiores são as feridas, maiores são as chances de nos "afogarmos" em nossas dores.

Mesmo que você esteja em um momento em que possa ter perdido sua identidade, saiba que ainda há tempo de recomeçar. Mas começar por onde? Precisamos começar por dentro, é preciso compreender que não há mais tempo para maquiar as feridas, é preciso mexer onde dói, como em um processo cirúrgico.

Não vai adiantar você adotar uma identidade superficial só para mostrar para a sociedade que está tudo bem e enganando a si mesma com um sorriso no rosto e sangrando por dentro. Ter identidade só para *status* não resolve o que você carrega dentro, apenas engana por um tempo para que depois possa vir tudo à tona. Não busque por atalhos, saiba que o caminho certo não é trocar a identidade, mas curar a alma ferida.

Somos limitados, Ele nos fez seres tricotômicos formados por corpo, alma e espírito e, por vezes, o nosso espírito até está fortificado, porém se a alma estiver adoecida, certamente todos as áreas da vida serão afetadas. Nutrimos sentimentos em nossa alma de situações terríveis e até somatizamos no corpo possíveis enfermidades. Quando a alma está doente, perdemos a nossa identidade e perdendo a identidade, não sabemos quem somos, para onde ir e o que fazer. Infelizmente, há muitas mulheres com grande chamado, adoecidas e perdidas pelo caminho e o nosso adversário tem investido alto na alma, pois uma vez afetada, há um enfraquecimento, gerando fragilidade emocional nos levando a perder o foco em nossa missão!

Isaías 43:18, mostra que não devemos nos apegar ao passado e para que possamos avançar, precisamos compreender que em seu presente e futuro não há espaço para o passado, porém não se trata de apenas esquecer, mas sim de resolver as questões que te adoeceram, onde insistimos em lembrar e nutrir de forma errada tudo aquilo que fizeram ou disseram sobre nós e as questões que nos feriram precisam estar resolvidas primeiro dentro de nós.

Não seja o tipo de mulher que camufla as dores criando uma falsa identidade, podendo adoecer e "matar" outras mulheres. Se não assumir o adoecimento, será ponte de dor e não foi para isso que Deus lhe chamou.

Dedico esse capítulo a você e quem diria que um dia estaria usando as minhas cicatrizes para lhe trazer restauração. Pois é, a minha alma já foi atingida e já perdi a minha identidade, acreditei por um bom tempo que a minha vida era baseada no que diziam e faziam comigo, ficando perdida dentro de mim mesma. A impressão que eu tinha era que as palavras e as atitudes das pessoas me enterravam viva a cada dia, de modo que eu não conseguia enxergar perspectiva de vida, parecia que tudo contribuía para que minha alma fosse soterrada.

Nascida e criada em uma comunidade, estudante da rede pública onde por muitas vezes precisei comer na escola como única opção de alimento, o bairro que morava, as jovens pareciam ter dois caminhos: o das drogas e/ou gestação precoce. Vim de uma família humilde e passei por grandes desafios, como desemprego dos meus pais, morando de favor na casa de outros parentes, ouvia coisas terríveis e vivia em situações de humilhação por parte de quem poderia nos ajudar, sem contar que de forma espiritual eu vivia em um ambiente voltado para a umbanda e candomblé. Minha avó tinha um terreiro e era a mãe de "santo". Sem perceber, eu já era tão novinha, sendo colecionadora de feridas.

O interessante é que em meio a tudo isso, conseguia ver Deus em minha vida, mesmo com uma fé em deuses falsos, minha mãe sempre falou de Deus! E sempre conta que tudo comigo era diferente, segundo ela, quando ainda gestante de mim, disse que a gestação foi tranquila, mesmo enfrentando uma fase delicada, onde precisou ser internada por suspeita de um aborto, ela temia, pois havia perdido um bebê antes de mim e com a graça de Deus e os cuidados médicos, vencemos essa etapa.

Lembro-me de diversas vezes no centro de minha avó questioná-la o porquê dentre os filhos e netos, eu era a única que ela não mexia, digo isso pois todos já haviam feito rituais em seu terreiro. A única coisa que minha avó dizia era que eu tinha uma estrela que brilhava muito e eu era diferente. Na verdade, já era o meu Deus me separando para passar pelos processos, curar a alma, restaurar a identidade e levá-la a restaurar outras mulheres para a glória do seu nome. E olha que eu não sabia quem eu era! Mas Ele me conhecia.

Eu fui crescendo e me tornando uma adolescente com baixa autoestima, cheia de complexo de inferioridade, marcada por rótulos, ferida pela rejeição, o que me tornava alguém incapaz de romper e viver tudo o que o Senhor havia reservado para mim.

Eu louvo a Deus pela vida dos meus pais, pois deles eu sempre tive todo o amor e cuidado. Foram eles que me ensinaram o que era certo e o errado, mesmo professando outra fé, cresci vendo meus pais lutarem bravamente pela nossa família, pela educação e princípios de valores.

Por volta dos meus 15 anos, fui convidada a ir para a igreja e confesso que aquele dia foi inesquecível, mesmo não compreendendo tanta coisa. Lembro que em um dia de sábado, estava no terreiro da minha avó e no domingo na igreja, pensa em uma batalha! Não foi nada fácil e o que já doía, iria sangrar ainda mais, só que agora dentro da igreja e nesse momento recebi outra identidade, sendo conhecida como neta da macumbeira.

Certo dia, voltando de um culto maravilhoso, conversei com minha mãe que mesmo sendo espírita, era autoridade sobre minha vida e perguntei se podia aceitar a Jesus e ela me respondeu que sim, mas que precisaria respeitar a religião dela e a partir dali, entreguei a minha vida para Jesus. Minha alma estava doente e completamente perdida, sem identidade, dando início a novas batalhas, pois as pessoas que me cercavam na igreja pareciam não enxergar que eu era de fato e de forma indireta me deram uma identidade que não me pertencia.

Quantas vezes eu voltava chorando do culto com coisas terríveis que ouvia e via, teve uma vez que a minha mãe percebeu e me perguntou o que havia acontecido e é claro que se eu tivesse falado o que de fato ocorrera, teria me tirado da igreja e como tudo o que eu queria era que ela conhecesse esse Deus que me chama pelo nome, dizia a ela que o culto tinha sido uma bênção! Deus estava me amadurecendo.

Deus foi me instruindo e me direcionando e eu apenas em silêncio, testemunhado o que Deus estava fazendo, percebia como os meus pais me observavam. Estava decidida a ganhar a minha casa para Jesus, mesmo com a alma chorando, pois sofria injustiça, mas enquanto isso o Senhor estava me dando crescimento espiritual durante esses meus processos dentro e fora da igreja.

Comecei a me relacionar com alguém na igreja que não tinha noção de quem era, afinal eu era uma nova convertida e para minha surpresa, ele era o filho do pastor, pense no processo! Não foi nada fácil, o que eu ouvia das pessoas era que a luz não pode se misturar com as trevas.

Havia momentos que uma palavra me lançava no chão, até que o Senhor me disse: "Levanta! Eu morri e ressuscitei por amor a você, te chamei pelo nome, tu és minha, eu te dei uma identidade e eis que faço uma coisa nova, agora sairá a luz, você não percebe? Vou colocar um caminho nesse deserto e rios no ermo". Isaías 43:10.

A partir dali eu comecei a cuidar da minha alma e fui tratando cada ferida. Hoje todas as feridas se tornaram cicatrizes e servem como ferramenta para curar outras vidas. Deus não fará aquilo que só eu e você podemos fazer. Você não é culpada pela dor que carrega, mas é responsável com o que você fará com ela. Eu decidi me levantar, buscar a minha cura a fim de restaurar a minha identidade para que eu pudesse ir aonde Ele me enviar, restaurando mulheres para a sua glória.

Existe cura que virá só de Deus, existe cura que virá das mãos do médico, mas existe cura que virá mediante nosso posicionamento diante das feridas. Por um tempo eu era uma menina de alma adoecida e sem nome. Hoje sou uma mulher curada, com a minha real identidade, sabendo de fato quem eu sou na Terra e em Deus.

Com muita honra, sou Nathália Vieira, serva de Deus, convertida há 23 anos. Ainda na minha adolescência ganhei meus pais e minha irmã para Jesus, Deus me deu a rica oportunidade de ganhar também a minha avó para Ele, onde em seguida fechou o terreiro. Casei-me com o filho do pastor e juntos somos os pais do Kaleb.

Hoje, pela bondade do Senhor, sou psicóloga clínica, escritora, idealizadora do projeto Mulheres Florescendo no Deserto, que visa cuidar da alma de mulheres com o propósito de fazê-las florescer em seus desertos, possuo a formação também em psicologia pastoral, dentre tantas qualificações profissionais e ministeriais. Fui premiada com o reconhecimento nacional na área de saúde mental. Essa listagem de títulos é para enfatizar apenas o poder de Deus, pois sem Ele nada seria possível.

Ei! Ainda há tempo de recomeçar! Comece tratando suas feridas, busque ajuda. Deus restaurará sua identidade e te habilitará para restaurar outras mulheres.

“A identidade é restaurada na compreensão de que não somos resultados das dores, mas do que fazemos com elas.

Nathália Vieira

Nivia Juliana

Meu nome é Nivia Juliana, uma menina com a idade de uma mulher. Sou empresária, dona de um estúdio de unhas, o Studio Mulherandoo.

Sou casada com o amor da minha vida há 16 anos, o presbítero Felipe Martins. Sou mãe de um casal, a princesa Alice e o príncipe João Felipe.

Sou filha da Fátima e do Jorge e irmã da Nanibia.

Congrego na ADMRF na qual exerço o diaconato, sigo há 13 anos sendo ovelha do pastor Wagner e da pastora Luciana, os pastores que eu aprendi a respeitar e amar.

nivia.juliana

studiomulherandoo

HÁ SEMPRE ALGO MAIOR NOS AGUARDANDO

25

Por Nivia Juliana

O ano era 2016, quando Deus deu uma frase para meu esposo: "Há sempre algo maior nos aguardando", o que eu não sabia é que essa seria a frase da minha vida.

Vim de uma família muito humilde, não nasci em berço evangélico, mas hoje, com um pouco mais de convívio com o Pai, vejo que Ele sempre cuidou de mim. Deus me deu muita maturidade desde bem nova. Comecei a trabalhar aos 12 anos, me casei aos 17 com o amor da minha vida, fui mãe 4 vezes, sofri 2 abortos e hoje tenho meus filhos que foram anunciados por Jesus da forma mais linda: Alice de 9 anos e João Felipe de 1 aninho.

Tudo que irei relatar aqui nesse capítulo é para que você, leitor, nunca se esqueça que Deus cumpre a palavra d'Ele, que "todo vento" de Deus é para te levar para um lugar que Ele já reservou. É uma delícia desfrutar de tudo que Deus fez, não é mesmo? O difícil é passar por esse "vento" sem murmurar, em oração e, mesmo ferido, continuar lutando. Mas eu sou a prova viva que é possível.

Enquanto lembro de tudo para relatar aqui, meu coração acelera, meu corpo treme, a voz embarga, as lágrimas ganham força... relembrar o ano de 2020 dói. O ano da pandemia foi um ano muito difícil, se tratando de tudo: saúde, escola, igreja, trabalho, entre outras coisas. Mas foi um tempo de avivamento em nossa igreja, um tempo em que Deus reafirmou muitas promessas, inclusive de um filho, Ele nos daria mais um bebê. O que não sabíamos é que eu já estava grávida. Fomos tomados de tal felicidade, tudo se encaixava com o que Deus tinha falado. Minha filha

Alice era pura alegria, já que ela vivia pedindo um irmão. Começamos o pré-natal e tudo estava ótimo.

Um certo dia, não acordei muito bem, meu corpo doía como se fosse ficar resfriada. Fui ao Hospital Real D'or (hospital pediátrico e obstétrico), fiz todos os exames, parecia ser algum tipo de virose querendo surgir; passaram uns dias e não tive melhora, liguei para a minha antiga médica obstetra, que me receitou alguns antialérgicos, que por conta do meu serviço poderia ser uma crise alérgica... passaram os dias do antialérgico não tive melhora, tudo só piorava: foram 3 idas ao hospital, 3 exames de COVID, sentia meu corpo queimar por dentro, alguma coisa eu tinha e os médicos não descobriam. Foi quando vi um relato de uma amiga *nail designer*, que estava internada por conta de uma bactéria que tinha pego e estava com os mesmos sintomas que o meu. Retornei ao hospital, decidi contar isso para a médica de plantão e ela me relatou o seguinte: "Você está no início de uma gestação, é perigoso bater um raio X nesse momento", achou melhor que eu retornasse para casa e descansasse, já que os exames não tiveram alteração.

Chegaram ao ponto de acharem que era algo psicológico, mas eu sabia que havia algo errado, eu não estava nada bem. Então eu me calei. Eu me calei para TODOS e me abri com o Pai... chorei e pedi a Deus que não me deixasse morrer, eu sabia que tinha algo de errado em mim, pedi que Ele não me desamparasse, ficasse comigo, não soltasse a minha mão. E foi assim, ele não soltou.

Em 11/11/2020, 01h40 da manhã, estava mal, abatida e com febre, o Felipe viu que eu não estava bem, decidiu então me levar a outro hospital. De início me recusei a ir, parecia que estava adivinhando que nessa madrugada iniciaria a minha maior provação.

Demos entrada em uma das melhores maternidades aqui no RJ, a Perinatal Barra, o serviço era caótico, o COVID transformou muitas pessoas, tanto para o bem quanto para o mal, umas passaram a dar mais valor à vida, outras passaram a ser mais insensíveis e indelicadas. Nessa madrugada, eu tive o prazer de conhecer uma enfermeira incrível, paciente e muito atenciosa, e o desprazer de conhecer uma médica que tinha tamanha frieza e indelicadeza que começamos a consulta assim: "Não era nem para bater ultra em você, porque se você estiver com COVID, vai infectar todo meu aparelho, mas enquanto eu bato, me relata o que você está sentindo", e assim fiz. Sem muita atenção, o silêncio tomou conta da sala, e ali estava eu, vendo que o bebê não tinha batimentos e a segunda perda tomava todo meu ser e tudo se repetia. Enquanto as lágrimas corriam em silêncio, a minha alma gritava, só que dessa vez foi diferente, ou eu acreditava que Deus estaria na tempestade comigo ou eu ficaria presa na situação difícil me lamentando.

Como disse, as pessoas ficaram insensíveis, essa tal médica, mandou que eu voltasse para casa e retornasse 2 dias depois para diagnosticar com clareza. Voltamos para casa.

Dia 12 de novembro de 2020, aniversário do meu pastor, eu nunca mais esquecerei essa data. Eu estava muito mal, psicologicamente e fisicamente, eu fiz uma oração:

"Deus, faça a tua vontade, porque eu não estou aguentando, está difícil!", e naquela noite eu queria compartilhar com meus amigos aquela dor, eu queria sentar com meu pastor e pedir ajuda, eu queria sentar no colo da minha mãe e chorar... mas eu não podia, porque Deus estava me ensinando a ser TOTALMENTE DEPENDENTE DELE. Resumo: mais de 20 dias com o bebê morto dentro de mim. O luto entrou sem pedir licença, a tristeza e o medo também. Como a minha casa sofreu! Às vezes era difícil acreditar que tudo aquilo estava acontecendo. Foi um tempo de ensinamento, amadurecimento, foi um tempo de aprender valores que o dinheiro não compra.

O tempo passou, Deus usou o a mesma profeta, a pastora Luciana Nunes para falar com meu esposo, teve muito choro, perdemos, mas que Ele nos daria um bebê, um menino, que glorificaria o NOME DELE. E assim Ele fez, nos presenteou com o nosso João Felipe, nosso menino de uma beleza impecável, a cara do papai.

De uma coisa eu tinha certeza: o Senhor é o dono da vida. Se Deus quisesse me fazer mãe naquele tempo, não levaria o bebê. Me empenhei no meu trabalho, nos estudos e acreditando que "há sempre algo maior nos aguardando". E que algo maior seria esse?

Existem coisas que a gente só vai viver em Deus, uma nova Nívia nasceu, eu entendi que lição não aprendida, será repetida, Deus quer que sejamos ousados, prudentes, avivados e corajosos! Passei a dar mais ouvidos à voz do Espírito depois dessa perda, passei a ser mais íntima de Deus.

No dia 03/01/2023, acordei com o Espírito Santo falando: "Vai lá e pisa na terra." Para vocês entenderem, eu sempre passava por um prédio lindo, espelhado e idealizava ele para um novo studio... obedeci, me arrumei e fui, sem condições financeiras, mas fui. Conversei com o síndico, a sala estava pronta, fiquei de retornar o contato em março. Desde então, fiquei em oração e em silêncio. No dia 26/03/2023, Deus usou uma amiga, uma profetiza, vaso de Deus, a diaconisa Juliana, para responder as minhas orações acerca da sala, e Deus foi específico no tempo, era dentro do semestre, não poderia ser para o próximo semestre, Deus foi direto, até a cor da sala Ele falou qual seria. Em oração eu dei data 01/06/2023.

O tempo foi passando, eu tinha uma palavra, mas eu não tinha recursos, a sensação era de sufocamento. Foi quando meu esposo me fez uma pergunta: "Quando você vai dar o seu passo de fé?" Eu respondi: "Quando eu tiver DINHEIRO". A resposta dele foi: "Você não precisa de dinheiro, você precisa semear... saia por aí plantando oferta", e assim fui fazendo. Mas a nossa humanidade muitas vezes nos limita, querido leitor, quem tem Deus, tem tudo.

Um belo dia, uma amiga, Mirian Almeida, me perguntou: "O que está faltando?" Eu respondi: "Dinheiro", ela: "De quanto?", eu falei a quantia e sem poder, ela me transferiu aqueles 3 meses de depósito e ela me disse algo: "Eu acredito no que Deus tem na sua vida!"

Pronto, tudo parecia PERFEITO! Eu tinha a sala e o dinheiro. No dia 29 de março eu liguei para o síndico do prédio e 5h depois, o filho dele me respondeu: "Meu pai faleceu". Oi? Como assim? E minha sala? Meu Deus, e agora? Queridos, é com todo coração que digo: DINHEIRO NÃO É TUDO! DEUS É TUDO. Ali tudo desmoronou... mais uma provação, só que agora eu era uma nova Nivia, uma Nivia que provou e viu do cuidado e da bondade de Deus bem pertinho da morte.

O tempo passou... meu esposo, como um excelente amigo, sempre me mandava umas fotos de salas para me motivar, mas nada parecia ter graça. Dia 31/05/2023 eu decidi me arrumar e sair para visitar algumas salas. Montei um roteiro na minha cabeça e sai andando por Jacarepaguá. Parei em um prédio e pedi a uma menina: "Oi, queria alugar uma sala". Com certeza ela pensou: "É maluca!" (risos). Ela me respondeu: "Olha, tem uma proprietária que sempre deixa as chaves, vou ver se ela te libera". Ela veio com as chaves.

Quando ela abriu a porta, a sala era PERFEITA, eu não sabia o valor, como iria alugar, mas eu tive certeza que aquela seria a sala do meu novo studio, porque foi exatamente como Deus tinha falado. E foi. Dia 01/06/2023, a data que entreguei em oração, foi a data que o Senhor cumpriu o que Ele disse. Assinei o contrato dia 01/06/2023 para a glória do meu Deus.

Lembra do dinheiro que a Mirian me emprestou? Eu não usei, Deus não deixou que ninguém fizesse nada que eu poderia fazer. Porque a glória é toda d'Ele.

Hoje, o Studio Mulherandoo fica em um endereço que o Senhor quis, cada dia é uma conquista, pouco a pouco ele vai ganhando forma e eu vou vencendo para a glória do meu Senhor.

Querido leitor, nunca pense que você não é capaz, porque Deus em você é maioria. Deus é poderoso e ponto. O algo maior que nos aguarda, está em Deus, confie e acredite que Ele jamais irá te desamparar. Perdendo ou ganhando, Ele sempre será o Senhor que governa a minha vida e a minha família! Amém.

"

Todo vento de
Deus é para te
levar para um
lugar que Ele já
reservou.

Nivia Juliana

Renata Santos

Meu nome é Renata Maria dos Santos Silva, tenho 42 anos e sou natural do Rio de Janeiro.

Sou formada em Serviço Social desde fevereiro de 2011, pela Universidade Castelo Branco. Trabalho em uma empresa há 22 anos, na qual já passei por vários setores, onde aprendi, cresci e atualmente estou na área administrativa.

Sirvo na minha Igreja local, a ADMRF (Assembleia de Deus Ministério Restaurando as Famílias) e faço parte da equipe do Restaurando Mulheres, liderada pela Pra. Luciana de Oliveira.

renata_santos_2005

renataspartam@gmail.com

Renata Santos

+55 (21) 99134-1179

O QUE SERIA MINHA MORTE FOI UM TRAMPOLIM PARA UMA NOVA VIDA

26

Por Renata Santos

Nasci e cresci no subúrbio do Rio de Janeiro, fui criada a maior parte da minha vida pela minha mãe (Selma) e com ajuda da minha tia (Cleonice), irmã da minha mãe e minha segunda mãe. Duas mulheres que sempre estiveram ao meu lado e graças a Deus ainda estão, quero aproveitar para agradecer as duas por tudo que sempre fizeram por mim, com muita luta criaram eu e minha irmã.

Quando minha mãe se separou, ela não estava trabalhando, então imaginem, uma mulher com uma criança e uma adolescente. Vivemos tempos difíceis, mas superamos, depois de um tempo minha mãe conseguiu um emprego e as coisas começaram a melhorar. Quando acabei o 2º grau, comecei a trabalhar, ao qual me encontro na mesma empresa até hoje e isso já faz 22 anos.

Meu encontro com Deus

Não nasci em um lar cristão, minha infância e adolescência foram complicadas por que não tive uma estrutura familiar consolidada, não tive um direcionamento no âmbito espiritual. Conheci a Deus no ano de 2000, ninguém me apresentou a Jesus ou me convidou a ir em uma igreja, foi Deus que se apresentou para mim e literalmente me chamou, a partir desse momento, tudo o que estava acontecendo em minha volta começou a fazer sentido. Não tem outro caminho a seguir e quando entendi que foi Deus que me chamou, tudo ficou menos pesado; hoje em dia a caminhada continua difícil, mas o Senhor me fortalece e me sustenta, falo isso com propriedade, porque se hoje estou escrevendo para você é porque sobrevivi a tudo que tentou me parar e superei os obstáculos.

Sempre tive sonhos e projetos, alguns não concluídos ainda, como por exemplo, alguns relacionamentos que não deram certo. Estou expondo o meu caso pois vejo muitas mulheres que já sofreram ou ainda estão sofrendo por relacionamentos frustrados e desistem de crer que é possível sim encontrar alguém segundo o coração de Deus, mas é tudo no tempo certo e eu continuo crendo que Deus já reservou alguém para mim e no tempo determinado nos encontraremos. O importante é entender que quem nos preenche é Deus e não "alguém".

Ministério

No início da minha caminhada, passei por algumas igrejas tentando me encontrar em Deus, até que o Senhor me levou para o Ministério Apascentar de Nova Iguaçu, faço questão de destacar porque fiquei durante 9 anos sendo cuidada, tratada e aprendi muito sobre o que é servir. Gratidão é a palavra que tenho e essa gratidão se estende a todos os pastores, líderes e membros desse ministério que fizeram e ainda fazem parte da minha vida. Durante a pandemia, pedi a Deus direção porque começou a queimar no meu coração que era um tempo de mudança e o Senhor me deu a direção, conversei com minha pastora e saí debaixo de benção.

Bom, comecei na minha igreja local, a ADMRF (Assembleia de Deus Ministério Restaurando as Famílias) e já tem dois anos que sou membra e faço parte da equipe do Restaurando Mulheres, liderada pela Pra. Luciana de Oliveira, com nosso pastor presidente Wagner de Oliveira. Apesar de ser uma igreja próxima de casa, não conhecia ninguém, ou seja, comecei do zero a construção de novos relacionamentos no corpo de Cristo e seguindo na caminhada. Deus começou a destravar muitas coisas, participei do Mulher Única, onde foi um divisor de águas em minha vida, restaurei minha essência, estou na fase de obedecer sem questionar e tudo está fluindo para glória de Deus. Os pastores são bênçãos na minha vida e preciso agradecer pelo cuidado que eles têm, não só por mim, mais por toda a congregação.

Acidente ou propósito?

No dia 06/05/2023 sofri um acidente, levei um tombo que não consigo explicar como, apenas tropecei e caí. Simplesmente bati com o meu lado esquerdo todo no chão e bati a cabeça, coloquei a mão na boca porque com o impacto, pensei que havia quebrado todos os meus dentes, meu queixo sangrou na hora, levantei-me sem entender ainda o que havia acontecido, mas já sentindo muita dor no ombro. Era um corredor extenso e fui andando até a sala do curso de Libras que eu fazia, estava a professora e mais uma aluna, contei o que havia acontecido e a dor no braço só aumentava. Na mesma hora, elas me levaram na emergência, na minha cabeça era no máximo uma torção e não havia outra possibilidade para mim.

Não demorei muito para ser atendida, o médico pediu um raio-x e quando voltei para o consultório ele disse que meu caso era cirúrgico, que era sério e que eu já ficaria internada a partir daquele momento. Depois que ele me disse isso, eu não consegui ouvir mais nada, chorava de dor e por toda aquela situação, não queria acreditar que aquilo estava acontecendo comigo. A partir daquele momento já fiquei internada, era um sábado e minha cirurgia foi na segunda de manhã, entrei na sala de cirurgia por volta de 7h30h e saí quase 13h, foi necessário colocar duas placas e três pinos internos no ombro esquerdo. Tive alta na terça, e no domingo de manhã já estava no culto agradecendo a Deus por tudo; com a queda, o meu punho ficou paralisado, nos termos médicos eu tive uma *neuropraxia do nervo radial*.

Vi o cuidado de Deus em cada detalhe na minha vida, não fiquei sozinha em nenhum dia que fiquei internada e mesmo em casa, tive pessoas para me ajudar, família e amigas que são mais chegadas que irmãs, não vou colocar o nome de todas, mas quem cuidou de mim e continua cuidando sabe que é de vocês que estou falando, louvo a Deus pela vida de cada uma, por cada mensagem recebida e cada visita, a palavra é gratidão.

Comecei a fisioterapia e pensei que iria focar somente na minha recuperação, até que Deus mais uma vez me surpreendeu, no meio desse meu processo, fui chamada pela pastora Luciana para fazer parte desse livro, claro que minha reação foi de surpresa e susto (risos), pois nunca pensei em escrever um livro ou nada parecido, depois me deu medo e em seguida veio o sentimento de ser honrada.

Fiquei me perguntando o que a pastora viu em mim de relevante para compartilhar com vocês e não tenho dúvidas de que Deus já tinha preparado esse novo tempo. Entendi o porquê Deus fecha ciclos para que possamos crescer e criar novas conexões, para que possamos seguir em direção ao propósito que o Senhor tem para nossas vidas e assim Ele tem feito. Confesso que não tem sido fácil, mas quando Deus começa algo é Ele que garante e aqui estou, escrevendo para você no meio de um processo de dor, mas também com o coração cheio de alegria. Como pude sorrir em meio a dor? Não tenho respostas naturais para dar, somente estou vivendo o sobrenatural de Deus em minha vida.

Minha recuperação não tem sido fácil, mas Deus tem me sustentado e Ele me disse que me deu essa cicatriz para que eu nunca mais esqueça o que Ele começou a fazer na minha vida daqui para frente. O Senhor tem me feito viver experiências surreais, não tenho vivido os meus sonhos e sim os planos d'Ele. Como falei, o meu punho ficou paralisado depois da queda e Deus me falou exatamente assim, depois de seis meses de paralisia: **"Seu punho está paralisado, mas toque no seu pulso, tem batimentos. Isso significa que é apenas uma paralisia e não a morte, enquanto houver batimentos, tem vida que vai voltar a se movimentar. Apenas faça o que tem que ser feito, avance e não deixe o medo te parar. No tempo certo, tudo voltará ao seu devido lugar"**.

E hoje, enquanto escrevo para você, meus movimentos começaram a voltar, ainda estou no processo de fisioterapia, mas falta menos que faltava antes, te digo que Deus faz! Enquanto conversava com a fisioterapeuta, eu perguntei o porquê ainda não tinha forças para levantar o braço sozinha, ela me disse que a última coisa que eu iria ter era força, que primeiro teria que recuperar os movimentos e até nisso Deus falou comigo, Ele disse que primeiro era para eu me movimentar e no meio do caminho me daria forças, por que se me desse forças no início, qual seria a glória d'Ele? Deus vai te dá forças durante o seu processo, na caminhada e quando olhar para trás ou alguém ver sua trajetória, irá dizer: "Depois de tudo que passou, só pode ter sido Deus". Louvar e dizer que Ele é bom quando tudo está bem é muito fácil, mas continuar louvando e dizendo que Deus é bom no meio da tempestade, é colocar em prática o que falamos.

Deus me disse exatamente assim: "Para você viver os seus sonhos, primeiro tem que cumprir os meus propósitos, até porque seus sonhos estão dentro dos meus planos, não inverta a ordem, no tempo certo irei cumprir". Ouvi o Senhor me dizendo: "Foi eu que te parei com essa situação", mas a última coisa que fiz foi ficar parada. Você pode estar se perguntando: "Como assim, Deus te parou, mas não ficou parada?" Te respondo: Deus me parou para as minhas vontades e próprias decisões e estou vivendo para os propósitos d'Ele na minha vida. Eu não estava fazendo coisas erradas, apenas estava fazendo as coisas certas de forma errada, gastando todas as minhas energias em coisas terrenas e o Senhor quer essa energia e força para as coisas d'Ele. Tudo na vida tem que ter equilíbrio e, sem perceber, eu tinha perdido isso.

"Mas, buscai primeiro o reino de Deus e a sua justiça, e todas estas coisas vos serão acrescentadas." Mateus 6:33

Assim como Deus tem falado comigo e me trazido para o eixo principal que é Ele, trago para você esse testemunho como uma reflexão e que o Senhor não precise te quebrar para que você entenda o que Ele está falando com você no dia a dia. Estou passando pelo processo sem reclamar e nem murmurar, muito pelo contrário, estou agradecendo a Deus porque foi Ele que me quebrou, porque Ele quebra e faz de novo; na mão do oleiro somos barro e o que seria minha morte, foi um trampolim para uma nova vida, pois Ele tem me moldado e com tudo isso quero que você entenda que sempre há tempo para recomeçar.

"

Para você viver os seus sonhos, primeiro tem que cumprir os meus propósitos, até por que seus sonhos estão dentro dos meus planos.

Renata Santos

Pra. Suzana Carvalho

Sou a pastora Suzana Carvalho, exerço o ministério pastoral há 9 anos, na ADMEV, Assembleia de Deus - Ministério Edificando Vidas, em Mesquita, Rio de Janeiro, Brasil. Tenho 32 anos, filha da pastora Solange Lioi e do pastor Roberto Carlos, casada com o pastor Maicon Leão. Além de pregadora da palavra de Deus, exerço o ministério do louvor, sou coordenadora do Retiro Encontro com Deus e palestrante de cura interior.

prasuzanacarvalho

+55 (21) 99516-2609

RESTAURANDO A ALMA ATRAVÉS DO PERDÃO

27

Por Pra. Suzana Carvalho

Fui criada dentro de um lar cristão, na Assembleia de Deus. De cinco irmãos, sou a quarta filha, são dois homens e três mulheres. Minha mãe teve oito filhos, mas perdeu três logo que nasceram, o próprio Deus disse que ela não traria para casa. Cresci num lar espiritual, em um tempo onde as igrejas eram mais rígidas que hoje. Meu pai um homem espontâneo, pregava e apascentava de forma admirável, minha mãe uma profetiza cheia de autoridade e ousadia; a igreja estava crescendo, seu templo sendo construído, éramos uma família linda e cheia de Deus.

Comecei a cantar ainda muito criança, meus pais e alguns amigos da família dizem que sempre gostei de estar nos cultos, de cantar, de subir no altar e sentar ao lado do meu pai segurando uma Bíblia enorme nas mãos, sempre vi nele um herói que não usava uma capa e nem voava, mas quando subia no altar me encantava! Minha mãe sempre me ensaiava pra cantar nos cultos, ela penteava meus cabelos e me arrumava, lembro que na hora da Palavra, as crianças iam brincar, mas eu ficava na igreja e quando me perguntavam, eu dizia saber tudo que o pastor ministrava. Todos diziam: "essa vai gravar CD", mas eu não tinha dimensão de onde Deus iria me levar, só que nem sempre as coisas saem como o planejado.

Por volta do ano 2000, meu pai se desviou da presença de Deus e isso veio como uma tragédia para minha casa, aquele que eu admirava em cima do altar não estava mais lá. Desde esse dia, nossa família nunca mais foi a mesma, a igreja foi passada ao irmão dele para dar continuidade à obra. O lar unido e cheio de Deus agora estava em crise, e eu, com 9 anos, sempre fui mais madura do que a minha idade, mas era tudo muito confuso, uma mistura de muitos sentimentos que eu mal podia explicar, foi um choque, um caos.

Como se não bastasse a crise espiritual, uma crise no casamento dos meus pais entrou de forma avassaladora, durante um período de tempo minha mãe e minhas irmãs não tiveram forças pra continuar indo à igreja, elas não se desviaram, porém tudo era muito confuso e não tivemos o apoio de ninguém nesse momento, não houve acolhimento, nem abraços, apenas a dura realidade que precisava ser encarada: desistir de tudo ou permanecer. Eu decidi permanecer!

Quem foi gerado para um propósito, certamente terá sua vida marcada por Deus (I Samuel 2:11). O profeta Samuel foi gerado pra cumprir um propósito, mas precisou viver longe de seus pais e irmãos, logo que desmamou foi entregue a Deus no templo; teve que aprender a lidar com a distância, uma marca na vida de quem ainda não podia compreender o motivo de estar vivendo aquilo tudo, porém, o tempo passou e valeu a pena ser marcado por Deus.

Lembro que mesmo em meio ao caos, eu decidi continuar indo, com todo incentivo da minha mãe, eu continuava a ir à igreja onde meu pai já não pastoreava mais. Que dor era entrar naquele lugar! Quantos sonhos, planos destruídos, frustrações e muita incerteza do amanhã! Nesse tempo, eu ainda não sabia o tamanho do estrago que aquilo tudo havia feito na minha alma. Então continuei, até que um dia estar dentro daquele lugar ficou insustentável, pois a ferida gritava. Lembro-me que teve um dia que olhei para altar e ao ver outra pessoa sentada naquela cadeira pastoreando, fez com que lágrimas caíssem dos meus olhos e eu não consegui entrar lá e, na verdade, depois desse dia, já não consegui mais voltar; foi quando Deus começou a levantar pessoas para que eu não ficasse paralisada.

Nesse tempo, meus irmãos homens tinham se desviado, apenas as mulheres permaneceram firmes, mas ainda sem saber onde congregar. Então, Deus levantou pessoas que eram próximas, outras nem tanto, para me levar à igreja e me levavam para cantar em várias. Foi um período de escape, onde Deus me sustentou perto d´Ele, Deus nunca me deixou sozinha nem um minuto.

O tempo passou e eu, minha mãe e minhas irmãs fomos levadas pelo meu pai a uma igreja, ele disse que queria voltar para a presença de Deus, então fomos com ele. Naquele dia, nascia uma esperança de que tudo voltaria para o lugar, mas foi questão de pouco tempo, logo a frustração voltou a fazer parte da nossa vida, pois ele não teve forças para continuar. O que fazer quando a esperança se vai? Como superar tantas decepções, frustrações? Como crer na restauração quando tudo que sobrou foram cacos pelo chão? Eu nunca desisti de acreditar que era possível, mesmo nos dias que minha fé fraquejava, eu olhava pra Deus e voltava a crer, eu sabia que não havia outra opção além de crer.

No período entre minha adolescência e juventude, muitas propostas e pessoas tentaram me afastar do propósito de Deus, mas essas coisas nunca encheram os meus olhos, eu tinha certeza de quem eu era em Deus. O problema de muitas pessoas é não saber quem são n'Ele, questionam para que nasceram, qual é o seu chamado ou seu lugar no mundo, confusas, vivem agradando os outros só para serem aceitas. Você precisa primeiro se encontrar em Deus e depois disso nunca mais irá se perder em si mesmo, pois quem se encontrou em Deus achou tudo que realmente procurava.

Embora eu tivesse decidido pelo caminho da renúncia, nesse tempo eu ainda não sabia o poder que cada renúncia teria na minha vida, hoje sei que só consegui chegar até aqui porque decidi abrir mão realmente daquelas coisas que, no momento em que renunciei, não parecia ter motivo. Há 12 anos, Deus pediu que eu fizesse um voto de não usar calça, eu não vejo pecado em usar e por isso, para mim, parecia não ter motivos, mas depois entendi que até nisso Deus tinha um propósito. Entenda que o poder do seu futuro está nas suas escolhas de hoje. Não deixe para amanhã as coisas que precisam ser prioridades, as coisas que precisam ser prioridade, se forem deixadas para depois talvez nunca mais poderão ser feitas, pense nisso.

Quanto mais os anos se passavam, mais a ferida estava aberta em mim, aquela cratera na minha alma já estava me fazendo ter comportamentos limitadores. Embora eu amasse o meu pai, havia um abismo enorme entre nós, uma ausência misturada a muita decepção; de forma inconsciente, eu o culpava por muitas coisas, às vezes o enfrentava com palavras duras, na tentativa de fazê-lo cair em si, mas de nada adiantava, fui refém dessa dor por muitos anos.

Ainda na adolescência, o pastor da igreja onde congregávamos convocou os membros para participarem de um retiro espiritual chamado Encontro com Deus. Eu não queria ir, dizia: "Eu já tive um encontro com Deus", mas fui convencida por ele a ir. Ao chegar lá, agi de forma rebelde, sem querer respeitar as regras ou me importar com o que estava sendo ministrado, eu estava agindo como uma criança fazendo pirraça com Deus, eu não tinha noção do quanto Deus iria me tratar naquele lugar, até que a cura interior chegasse na minha vida. Fomos levados a uma sala e parecia que nada ia acontecer, mas eu estava prestes a viver a maior experiência da minha vida, a palestrante começou a ministrar e tudo em mim aparentemente estava normal, até que fui tomada de uma dor muito profunda, logo estava deitada no chão daquela sala aos pratos, era uma dor como se alguém estivesse me abrindo, me senti sendo conduzida pelo Espírito Santo ao ano em que tudo aconteceu, como eu descobri, como me senti, como minha casa havia ficado, eram muitos sentimentos e lembranças que passavam em minha mente; o dia que ele anunciou sua saída, o quanto ele foi se afastando da nossa família por suas escolhas; ressentimentos, rejeição, decepção, frustração, minha alma era uma gaveta cheia de amarguras. Até que entendi que precisava permitir que o Espírito Santo abrisse aquela gaveta e tirasse de lá todo o lixo emocional que acumulei, e Ele fez isso, naquela noite perdoei meu pai, entre outras pessoas que fui amarrando a minha alma. Ao término da ministração, eu estava livre, curada na alma, glórias a Deus! Refiz minha rota com meu pai num caminho de cura chamado perdão.

Em 2010, fui ungida à missionária e me tornei palestrante de cura interior, hoje ajudo inúmeras pessoas a também romperem com a dor do passado e achar a restauração da sua alma em Deus através do perdão. Há 9 anos, teve uma jovem que me marcou, ela havia sido estuprada pelo pai durante sua infância e após esses traumas desencadeou epilepsia pós-traumática e eu nunca havia ministrado em alguém com epilepsia. Durante a ministração, ela começou a ter crises, eu estava totalmente na dependência do Espírito Santo e Ele conduziu toda a ministração, ela conseguiu liberar perdão para o pai e desde então ela nunca mais teve crises ou precisou seguir um tratamento para epilepsia.

Em 2011, quando parecia que Deus já havia se esquecido ou desistido de completar sua obra em nós, Ele decidiu se manifestar. Nesse tempo, meus irmãos estavam na presença de Deus novamente e só faltava o meu pai, até que a mensagem chegou: "Seu pai está indo para o Encontro com Deus", nossa alma se encheu de esperança, foram três dias e embora não fosse pela mesma igreja que eu fui, eu sabia o que Deus realizava dentro desse retiro. Domingo à noite eu e meus irmãos fomos até a igreja onde seria a chegada dos participantes e lá estava ele na fila, então o pastor responsável disse: "Roberto, vem contar sua experiência", quando vi ele no altar as lágrimas já caíram e com uma voz rouca ele saudou a igreja e começou a chorar. Ah, aquela voz rouca era sinal de um final de semana cheio de Deus e meu pai foi restaurado naquele lugar. Em fevereiro de 2014, ele voltou a exercer seu ministério pastoral, Deus cumpriu sua promessa e em dezembro desse mesmo ano, fui ungida à pastora. Que alegria! Pois o homem que eu tanto admirava agora estava liberando a unção sacerdotal sobre minha vida, era o mesmo sentimento do salmo 126: "*Estávamos como os que sonham*".

Muita gente acha que o caminho da restauração está completo quando você é restaurado, porém, o caminho da restauração só está completo quando depois de restaurado, você permite que Deus use você pra restaurar. Não veja a restauração como um ponto de chegada de uma corrida longa, onde almejou demais chegar, mas veja como ponto de partida para viver tudo que você nunca imaginou que pudesse viver.

"

A restauração
é uma jornada
que inicia
com Deus
restaurando
você e só está
completa
quando você
entende que
Ele te restaurou
para restaurar.

Pra. Suzana Carvalho

Tatiana da Silva

Meu nome é Tatiana da Silva Matos, filha amada de Deus, natural do Rio de Janeiro. Sou psicóloga, abordagem Terapia Cognitiva-Comportamental (TCC), especialista em atendimento com mulheres, ênfase em autoestima, ansiedade e relações saudáveis.

Trabalhei no Projeto Chega de Abuso, com mulheres que sofrem ou já sofreram relacionamento abusivo.

Apaixonada por saúde mental e vida cristã, compartilho de forma prática e didática através de palestras e das redes sociais que adoecimento mental não é fracasso espiritual.

Congrego no Ministério Apascentar de Nova Iguaçu, com os pastores Marcus Gregório e Christina Gregório, faço parte da Rede de Mulheres em Alta Apascentar.

tatianadasilvamatos

tatianaibca@uol.com.br

+55 (21) 99615 5247

TRANSFORMANDO DOR EM PROPÓSITO 28

Por Tatiana da Silva Matos

Viver este sonho, improvável aos meus olhos, ser coautora deste livro, é reconhecer que Deus não respeita a lógica humana, um sonho que se tornou realidade no tempo determinado por Deus, não por mim. Algo que estou experenciando é ser fiel a tudo o que Ele me direcionar, que este capítulo seja conduzido pelo Espírito Santo e que pessoas possam ter suas vidas transformadas no processo das dores emocionais, entendendo que tudo coopera para o bem daqueles que amam a Deus, ou seja, há propósito de vida. Não escolhemos as circunstâncias, mas escolhemos como enfrentá-las.

Hoje entendo que crescer em um lar cristão não nos priva de dores emocionais. Lembro-me na infância de não entender tristeza e choros recorrentes sem motivos aparentes, mesmo recebendo afeto dos meus pais e irmãos, havia um vazio emocional constante, existia uma identidade pessoal ferida e distorcida.

Na adolescência, pude viver os momentos de acampamentos dentro da igreja ao qual meus pais congregavam e que hoje se transformaram em memórias afetivas, mesmo assim, não entendia como poderia estar bem espiritualmente e frágil emocionalmente. Como não tínhamos acesso e nem conhecimento sobre cuidados com a saúde mental, eu reprimia dores e angústias, erroneamente silenciando, sem pedir ajuda, inconscientemente alimentava um preconceito dentro de mim, uma "falta de fé".

Moldava-me no comportamento religioso na perspectiva da troca, do "fazer por merecer", vivendo com mentalidade de escrava, sofismas mentais com conclusões falsas ao nosso próprio Deus, não tinha experimentado a paternidade, o verdadeiro relacionamento.

Às vezes, um "não" te leva mais longe que um "sim".

No início da vida adulta, com ascensão profissional e mudança no padrão social, eu queria a cura emocional, mas não o ônus, insistia em dar continuidade em ciclos antigos. Com isso, evitava enfrentar e cuidar destas dores emocionais, os mecanismos de defesa (estratégias de enfrentamento) são mecanismos tão automáticos e inconscientes que raramente tomamos consciência deles.

O mecanismo de defesa que usava para suprir o vazio emocional, era os relacionamentos amorosos, com seguidas frustrações. Entretanto, quando nos distanciamos dos braços do Pai, buscamos encontrar nos braços do pecado aquilo que já tínhamos nos braços do amor de Deus. A carência fez-me cair no buraco da dependência emocional, uma insegurança exacerbada, não reconhecia o meu próprio valor, tinha uma identidade confusa, um vício em agradar o outro. Hoje, como psicóloga, reconheço que é o esquema mental chamado autossacrifício, são pessoas que têm imensa dificuldade em dizer "não" aos outros e afirmar suas necessidades, ter sua autonomia emocional.

Namorei, noivei e me casei em 1 ano e assim permaneci casada por quase 8 anos, quando Gilmar faleceu por problemas de cardiopatia. Com a sabedoria que tenho hoje, afirmo: a base da família é a Palavra de Deus, quanto mais próximos de Cristo, mais seremos seus imitadores, seja através das atitudes ou simplesmente a sabedoria do silêncio no meio das discussões, em conflitos conjugais. Infelizmente, pela falta de maturidade, afastada dos princípios da Palavra de Deus, reconheço que falei palavras que certamente feriram seu coração e tomei atitudes errôneas que só agravaram o vazio emocional.

Durante o luto, foi-me apresentada a Estância Paraíso, confesso que fui a Belo Horizonte sem muita expectativa, "estava no fundo do poço", nada fazia sentido para mim, sem ânimo de viver. Lá recebi ministrações e entendi que a minha identidade estava distorcida e ferida, reconheci que estava adoecida emocionalmente. O luto é movimento, é dar um passo de cada vez, às vezes mais produtiva, outras menos, coragem é chorar durante o luto, mas não permanecer para sempre por lá. A vida em meio à dor deve prosseguir para novos ciclos, as tempestades da vida não duram para sempre. Sempre amanhece um novo dia.

Quem valoriza o processo, desfruta do crescimento

Aprendi que os relacionamentos são a reprodução da relação que temos com nós mesmos. Quando não nos amamos verdadeiramente, depositamos sobre o outro a parte que é nossa. Ninguém pode ser responsabilizado por nos fazer feliz. Felicidade e plenitude são pessoais, não recebemos de outras pessoas.

Precisava reassumir a identidade de filha de Deus e pedi perdão a Ele, por tantas vezes a carência e insegurança governaram a minha vida, logo, Deus não era o primeiro lugar nela. Neste período, era conduzida pelo que sentia e não pelo que a Palavra de Deus dizia ao meu respeito. Após a oração de entrega da minha vida e confissão dos meus pecados de idolatria (sim, dependência emocional é idolatria), daquele dia em diante senti minhas forças renovadas. Fez toda diferença orar e agir em conformidade com a oração.

Transformando dor em propósito

"E a Paz de Deus, que excede todo o entendimento, guardará o coração e a mente de vocês em Cristo Jesus." (Filipenses4:7)

Minha rota foi recalculada, assim como tudo o que havia em mim, vulnerável e totalmente dependente dele. A ascensão profissional, os ambientes sociais que frequentava, amizades que me afastavam do centro da vontade de Deus perderam o valor, as prioridades foram ajustadas. O relacionamento íntimo através da paternidade nos permite experimentar um misto de equilíbrio e paz interior. Entendi que é possível viver na ausência de qualquer coisa, exceto na d'Ele, no relacionamento com Deus.

Ao recomeçar em Cristo, pude experenciar a fidelidade de Deus em todas as áreas, lá mesmo na Estância Paraíso. Ao mencionar que a minha família estava congregando no Ministério Apascentar, fui orientada a ser membro e me permitir ser cuidada. Com a identidade restaurada, pude experenciar, conhecer o Deus da obra e durante alguns anos participei ativamente da Rede de Jovens, gratidão em meu coração. Neste interim, teve o Fórum de Oportunidades, ao qual fui sorteada com uma bolsa 100% na faculdade de psicologia. Celebro a jornada acadêmica de dedicação e aprendizado, não tinha a ver comigo, mas com o que Deus queria fazer através de mim. Como é bom obedecer e permanecer! O meu propósito está em encorajar mulheres, que alegria neste novo tempo fazer parte do discipulado e da Rede de Mulheres em Alta Apascentar.

Hoje, cristã e psicóloga, vejo que a Palavra de Deus nunca foi adversária da ciência. A inerência humana se condena e se sabota não por fatos, mas por causa do que acredita ser verdadeiro a seu respeito. Jesus nos ensina que a mudança está dentro de cada um de nós, através da transformação do nosso entendimento (pensamento), para que venhamos experimentar a boa, agradável e perfeita vontade de Deus (Rom. 12:2).

As crenças limitantes permeiam os pensamentos, muitas vezes oriundas da infância, por aquilo que ouvimos. O ambiente em que crescemos influencia o nosso comportamento, essa trajetória é marcada por sentimentos conflitantes, mas não podem definir quem somos. É através do processo de psicoterapia que podemos reescrever a nossa história, somos seres em construção, é uma decisão consciente de quem não quer viver refém de impulsos e reações desconhecidas. É abrir o coração para transformar a dor em palavras, antes que elas venham se transformar em sintomas. Certamente, as lembranças serão daquilo que foi superado e não mais daquilo que foi sofrido.

Deus ama um coração sincero e vulnerável

"Por isso, por amor de Cristo, regozijo-me nas fraquezas, nos insultos, nas necessidades, nas perseguições, nas angústias. Pois, quando sou fraco, é que sou forte." (2 Coríntios 12:10)

Em meio a nossa inconstância emocional, existe um Deus imutável. Quanto mais feridas emocionalmente, mais distorcemos a realidade. Vemos, ouvimos e interpretamos mal. Somos tentadas a viver uma vida de superficialidade, erroneamente confundimos o cristianismo com perfeccionismo. Ter a coragem de assumir a própria humanidade faz de alguém um ser diferenciado, superando obstáculos, abraçando sua perfeita imperfeição.

O autoconhecimento nos desafia a crucificarmos o nosso ego, onde tudo acontece no nosso tempo e do nosso jeito. Somos corpo, alma e espírito e precisamos cuidar de cada área, e isso implica quando necessário buscar ajuda profissional.

Há inúmeras mulheres cristãs que não desfrutam do "jugo suave" no evangelho porque carregam nas costas fardos pesados de suas histórias. Quero encorajá-las a não reterem aquilo que as feriu, ao invés de fugir ou negar esta dor, o melhor é entender a origem e o que ela quer ensinar sobre sua própria história.

O diagnóstico elaborado pela avaliação clínica serve para você entender como ler/ver o mundo, buscar o melhor tratamento, para uma melhor qualidade de vida. Mas você não é o diagnóstico, você é uma pessoa. Deus não se limita a isso para usar uma pessoa. A suficiência da Bíblia não anula a eficácia da ciência, o adoecimento mental não é sinônimo de fracasso espiritual. Se for preciso, busque auxílio através da medicação com a psiquiatria, não permita que o tradicionalismo, preconceito ou desinformação, criem sentimentos equivocados. O adoecimento emocional não pode ser endereçado como pecado e afastamento espiritual, e sim, acolhimento, compreensão e ajuda.

Andar com Deus nos dá a paz necessária para enfrentarmos os infortúnios naturais da vida. Um capítulo ruim não define sua história, ainda há tempo de recomeçar. Certamente as dores cuidadas e cicatrizadas servirão como alívio para muitas mulheres buscarem ajuda, entendendo que em toda jornada humana, Jesus estará conosco, afinal Ele é o Caminho, a Verdade e a Vida. Você pode ser protagonista da sua própria história, não importa o que tenha enfrentado. Abrace a sua história, ainda há tempo de recomeçar.

“Um capítulo ruim não define sua história, ainda há tempo de recomeçar.

Tatiana da Silva Matos

Pra. Thaiza Santos

Sou Thaiza Santos, pastora e casada há 13 anos com meu melhor amigo e primeiro namorado pastor Pedro H. Santos. Sou mãe de duas heranças, Lauren Danielle Santos e Daniel Santos, que a cada dia me ensinam mais sobre o amor de Deus.

Desde os meus 21 anos, juntamente com meu esposo, pastoreamos a igreja do Senhor na cidade de Perth Amboy, estado de New Jersey/EUA. Atualmente, estou concluindo meu bacharelado em Psicologia e Aconselhamento Pastoral. São mais de 17 anos dedicados ao ministério do Senhor e tenho visto o agir de Deus ao longo desses anos libertando vidas e também salvando muitas almas. Hoje, além de ser pastora local, Deus me confiou liderar a MGD (Mulheres Guiadas por Deus). Amo servir mulheres e ver Deus levá-las a serem imitadoras de Cristo, assim como eu procuro ser todos os dias.

pra.thaiza

pra.thaiza.santos@gmail.com

+1 (908) 220-3246

NÃO SUBESTIME OS PEQUENOS COMEÇOS

29

Por Pra. Thaiza Santos

"Quem é Thaiza Santos? A pastorinha?" O inimigo tem a ousadia de sempre colocar rótulos nas nossas vidas, para tentar nos humilhar e tentar nos tirar do nosso propósito. Gostaria de compartilhar um pouco da minha história com o desejo de edificar a sua fé e que você jamais venha desistir do seu propósito.

Zacarias 4:10: *"Não desprezem os começos humildes, pois o Senhor se alegra ao ver a obra começar, ao ver o prumo na mão de Zorobabel"*.

Deus é especialista em escolher pessoas incapacitadas, vazias de si mesmas, para poder encher de sua sabedoria e capacitá-las para cumprir propósitos. Antes de conhecer o meu esposo, eu não fazia ideia do que Deus tinha reservado especificamente para minha vida. Até porque eu tinha outros sonhos, achei que iria seguir uma carreira na área de medicina. Após conhecer o meu esposo Pedro, ouvi um pouco da sua história sobre como ele recebeu de Deus um chamado profético muito forte e visível aos homens, de que Deus tinha separado ele desde o ventre da sua mãe para a obra de Deus e com 18 anos ele já tinha convicção de seu chamado. Logo em seguida, da forma com qual nosso relacionamento foi se aprofundando, não demorou muito pra perceber que para viver a vida a dois, meus sonhos e projetos não seriam mais os mesmos. Em contrapartida, eu não havia recebido de Deus uma direção e uma afirmação do meu ministério e chamado como ele, porém abracei o chamado do meu esposo quando me tornei sua esposa, para ser sua auxiliadora. Quando ele foi consagrado a pastor, eu não fui consagrada como ele, na verdade eu nem pregava, mas o apoiava com excelência.

O pequeno começo

Sou filha única de Josi e Miguel, que mesmo não sendo ainda maduros na fé, eles tomaram uma importante decisão de me consagrar ao Senhor ainda bebê. Eu nunca esqueço das palavras de minha mãe que conta que quando nasci, ela me entregou para o Senhor e fez um voto com Deus que eu não seria dela, mas d'Ele (Deus leva a sério toda palavra lançada da nossa boca). Graças a Deus cresci na igreja e nossa família foi formada com a base mais importante que é Jesus como centro do nosso lar.

Quando eu tinha 8 anos, nossa família deixou o Brasil para ter um novo começo, com a perspectiva de ter uma vida mais estável no Estados Unidos. Confesso que a trajetória nos EUA não foi um mar de rosas, porque a vida de um imigrante é repleta de dificuldades. Por ser filha única, enquanto meus pais trabalhavam, a maioria das vezes ficava sozinha em casa, ainda muito nova, e ausente do carinho de família por perto como avós, tios e primos. Pelo fato dos meus pais também não terem o documento que permite ir ao Brasil, fiquei muito tempo sem poder ver membros de nossa família.

Nos EUA, muitos imigrantes brasileiros procuram igrejas evangélicas, afinal de contas, se tornam uma família que contribui muito com apoio emocional e espiritual. Desde que nossa família chegou em Nova Jersey estive envolvida com as atividades na igreja, especificamente no louvor e no grupo de coreografia. Mal sabia que o Senhor tinha urgência em me formar uma mulher de Deus, para maiores propósitos em seu Reino. Com 15 anos eu conheci meu esposo, que foi o início de algo sobrenatural. Eu não procurava um namorado pelo motivo de ser muito dedicada aos estudos, mas descobri que meu esposo orava por uma menina cristã e em sua oração, ele me descreveu. O dia que o conheci e vi seu interesse por mim, eu disse a ele que se ele não fosse virgem eu não estaria interessada. Ao ouvir estas palavras, ele disse que Deus confirmou na hora que eu seria sua esposa.

Sempre firmes na igreja e na presença de Deus, casamos virgens e aos 17 anos fomos chamados pelo Senhor para sermos líderes de jovens. Na perspectiva ministerial estava andando bem, mas quando eu terminei o 2º grau foi um período muito triste na minha vida, porque descobri que não iria poder estudar na faculdade por não ser legalizada ainda no país. Estudar era um sonho meu e naquele momento me senti frustrada e muito triste por não poder realizar esse sonho que sempre meus pais tiveram e eu também. Me senti humilhada por não ter um propósito maior. Além do mais, recebi inúmeras críticas por ter me casado ainda muito jovem e sem ter uma segurança financeira. Porém, em tudo Deus estava me preparando para algo maior e melhor que ainda não conseguia enxergar com apenas 19 anos. Sem ter muitas opções por ser imigrante, Deus abriu uma porta e comecei a trabalhar em um consultório de dentista, onde ganhava muito pouco.

Dois anos se passaram e já com 21 anos, tive o prazer de gerar minha primeira filha, Lauren Danielle, que me trouxe uma alegria muito grande. Vivendo talvez o momento mais feliz da minha vida, tive que experimentar um dos mais difíceis também, meus pais tiveram que regressar ao Brasil por terem tido problemas imigratórios nos EUA. Foi nessa época que começou o meu processo, Deus iria me ensinar a depender e se alegrar somente n'Ele. Deus sabe o quanto eu derramei lágrimas, mas nunca desisti ou abri mão de Deus nem de sua obra. O ano que minha filha nasceu também foi o ano que eu e meu esposo assumimos a congregação Shekinah Perth Amboy, onde atualmente pastoreamos.

Três anos depois, tive meu segundo filho Daniel e quanto mais eu crescia e amadurecia, a igreja também crescia em números. Criar uma família e levantar uma obra ao mesmo tempo foi muito desafiador. Muitas vezes me senti sobrecarregada com inúmeras responsabilidades e cargas, em ter que cuidar do meu esposo, dos dois filhos, trabalhar no dentista e ajudar pastorear a congregação. Quando olho para trás, não sei como sobrevivi, mas reconheço que se não fosse a mão de Deus, não venceria.

Eu sempre enxerguei o potencial na vida do meu esposo e o ajudava no ministério, mas não enxergava o meu potencial. E sempre fui envolvida no louvor e achava que iria ser só a esposa que cantava do Pr. Pedro. Por muito tempo as pessoas ainda não me reconheciam pelo meu nome, mas me tinham apenas como a esposa do Pr. Pedro, porque eu não tinha adquirido o título de pastora. Meu esposo já tinha concluído seu bacharel em Teologia e por mais que tivesse começado junto com ele, tive que por minha vida em uma pausa. Qual é a mãe que não teve que deixar seus sonhos e chamado de lado para se dedicar a criação de filhos (lembrando que pausar não quer dizer desistir dos seus sonhos e chamado)? Deus nos conhece e tem um tempo determinado para todas as coisas em nossas vidas.

2 Samuel 7:8: *"Eis o que dirás ao meu servo Davi: 'Assim fala o SENHOR dos Exércitos: fui Eu que te tirei das pastagens, onde pastoreavas ovelhas, para ser chefe do meu povo Israel"*.

Hoje eu tenho a certeza de que Deus ama quem trabalha e serve com alegria e que não fica atrás do reconhecimento. Eu ajudava a cuidar das ovelhas do Senhor juntamente com meu esposo. Eu não faltava culto, estava sempre presente nas visitas, nos aconselhamentos e me realizava em cooperar no Reino de Deus. Ele é tão tremendo que começou a me dar dons que eu não tinha, como a revelação da Palavra e o dom profético. Então, aos poucos Deus começou a me levantar e desvendar o meu próprio chamado.

Ao estudar as Escrituras, Deus sempre nos mostra que Ele conta com os pequenos e improváveis vasos. Ninguém se torna um rei Davi da noite para o dia. Davi teve que suportar as humilhações de seus irmãos ("lá vem o pastorzinho de ovelhas!") Quantas vezes ouvi quase as mesmas palavras: "Oi, pastorinha". Sim, eu era bem jovem, sim estava apenas começando, mas Deus já via um grande potencial em mim que eu mesma não percebia, e aos olhos das pessoas eu era apenas uma pastorinha.

"O Senhor, contudo, disse a Samuel: "Não considere sua aparência nem sua altura, pois eu o rejeitei. O Senhor não vê como o homem: o homem vê a aparência, mas o Senhor vê o coração". 1 Samuel 16:7

Nunca deixei nenhuma dessas palavras me definir ou me parar. Continuei vivendo diariamente na presença de Deus. Não sabia que isso era o suficiente, pois Deus estava me conduzindo e por fim me fez enxergar o que nem eu e ninguém conseguia ver. Tudo que vivi, bom ou ruim, cooperou para o meu bem e para viver o meu propósito. Descobri que o maior segredo não é como a gente se vê e como as pessoas nos veem, mas sim a maneira que Deus vê.

Assim como aconteceu com Davi, aconteceu também na minha vida, durante a pandemia do COVID-19, Deus virou a chave na minha vida. Em um contexto de medo, de dor e do improvável, comecei a receber de Deus diversas promessas e bençãos d'Ele para minha vida. Em 2020, Deus prosperou a nossa congregação, a nossa vida financeira e recebemos nosso Greencard (documento que permite viajar para fora do país e ter residência permanente nos EUA). Para finalizar, através desse documento, Deus abriu a porta para eu estudar em uma Universidade Evangélica Americana, onde estou concluindo meu estudo, com o objetivo de ajudar ainda mais a igreja do Senhor.

Como tinha dito, era meu sonho de bem jovem estudar e me formar, e Deus atendeu esse sonho, fez tudo na hora certa e da maneira certa. Minha mãe tinha dito que eu não era dela e Deus me tirou da proteção dos meus pais aos 19 anos porque Ele honrou o seu voto e me tomou para Ele, para realizar a sua obra.

Querida, o meu desejo ao escrever a minha história nessas páginas é com a intenção que você se sinta inspirada. Inspiração para seguir em frente, sempre confiando no Senhor nosso Deus, porque aquele que começou a boa obra na sua vida, é fiel e justo para completá-la. Deus te conhece desde o ventre da sua mãe, sua história e seus pequenos começos não podem ser desprezados. Independente de quão pequeno você seja, nós servimos um Deus grande. Não reclame ou questione aquilo que você ainda não alcançou, tampouco perca tempo olhando para pessoas que chegaram primeiro em lugares mais altos e desejáveis. Eu aceitei o meu pequeno começo e todo o processo. Permita Deus te conduzir a maiores e melhores lugares, tenho certeza de que sua vida tem um grande propósito.

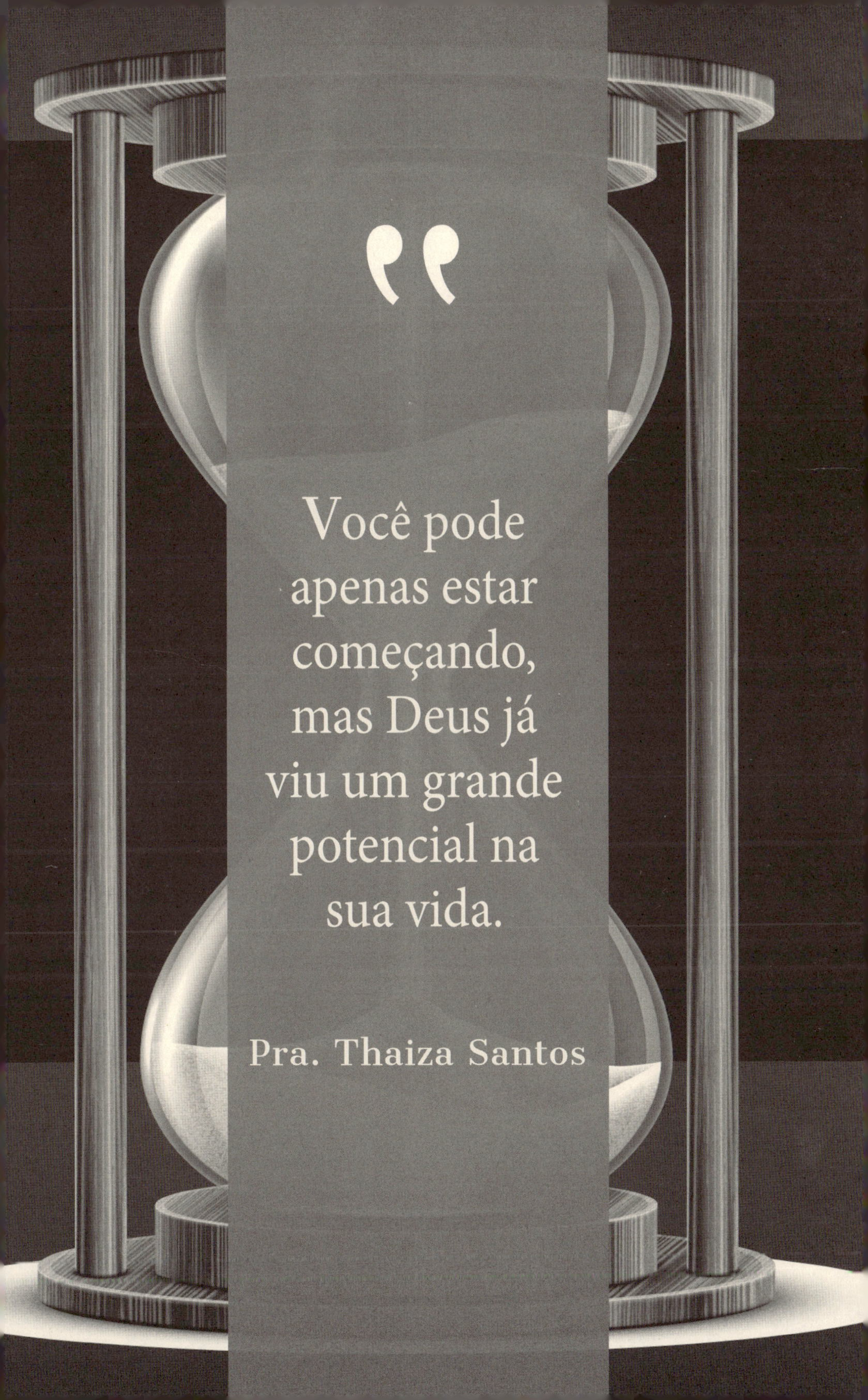
"
Você pode apenas estar começando, mas Deus já viu um grande potencial na sua vida.
Pra. Thaiza Santos

Pra. Vanessa Reis

Sou Vanessa Reis, uma mulher restaurada pelo Senhor. Casada com Nilson Reis (o meu Boaz) e mãe de um príncipe chamado Thiago.

Eu e meu marido somos pastores na Igreja Nascidos em Cristo, localizada na cidade de Paulínia/SP, uma igreja linda, cheia do amor de Deus, que cuida de vidas através da Palavra.

Sou professora, pedagoga, formada em Teologia pelo Ibicamp e também pós-graduada em Teologia Bíblica pela universidade Mackenzie. Sou líder do Ministério Mulheres em Cristo e idealizadora do projeto Chamadas para Florescer.

Dedico este capítulo a Deus, que com sua graça me alcançou, ao meu marido e meu filho que são meus incentivadores, aos meus pastores Maciel, Silvia e Lúcia, que poderiam ter sido flecha mas escolheram ser arco, a minha mãe e meus irmãos, a cada amigo que são tijolos da minha construção, e a cada mulher que lerá este livro.

chamadas_para_florescer

pastoravanessareis@gmail.com

UMA JORNADA EXTRAORDINÁRIA DE CURA E RESTAURAÇÃO 30

Por Pra. Vanessa Reis

DEUS é especialista em fazer coisas novas! Nova criatura (2 Co. 5:17), novo coração (Ez. 36:26), nova identidade (Gn. 32:28), novo vinho (Jo. 2:9), nova história. E essa é a minha.

Eu não nasci em um lar evangélico, mas em um ambiente de amor e cuidado. Minha mãe nos ensinou a amar e temer ao Senhor, mesmo o conhecendo só de ouvir falar. Meu pai, um homem do bem, bastante exigente, nos educou debaixo dos valores da honestidade. Embora ambos cressem em Deus, não tinham um relacionamento com Ele através de Cristo, que pudesse ser imitado. Então cresci com um coração idólatra e de missa aos domingos.

Me lembro que até ter um encontro com JESUS, vivia uma vida vazia. Passei anos me perguntando o motivo da minha existência. Você já se fez essa pergunta? Ela é poderosa! Tinha a sensação que a qualquer momento algo fosse se romper em mim! E era isso mesmo, para deitar vinho novo, Deus queria odres novos.

Certa vez, eu estava em Minas e uma mulher de Deus foi usada como boca profética sobre mim. Deus estava denunciando o meu coração e anunciando sua vontade. Através dela, Ele me disse que estava curando complexos e minhas emoções, que a dor seria grande, mas o propósito dela alcançaria nações! Na hora eu não entendi, porque não me via doente emocionalmente e era orgulhosa demais para admitir que tinha algum complexo. Porém, devido à grande exigência repousada sobre mim, de ter que corresponder às expectativas humanas, logo adoeci gravemente!

Eu estava em uma festa de casamento quando eu tive a primeira crise de pânico. O vinho daquela festa acabou para mim e não tinha Jesus para transformar água em vinho. Deus estava iniciando, neste dia, o processo de transformação em minha vida. Ele esmagou o meu orgulho e me prensou. O meu Monte das Oliveiras estava só começando!

A dor do pânico me levou ao hospital com urgência. Eu senti como se alguém estivesse apertando o meu pescoço e que eu fosse parar de respirar. No hospital fui medicada e liberada, mas as crises continuaram no dia seguinte. Começou a saga dos médicos. Passei por vários especialistas, até chegar a um psiquiatra. Aqui fiquei por longos 7 anos. Foi a sala de espera mais demorada da minha vida.

Conheci muitas pessoas nesta fase, ouvi muitos testemunhos que me edificaram, li muitos livros sobre ansiedade e depressão enquanto aguardava a minha senha. Me senti, muitas vezes, abandonada nas muitas altas que presenciei. Mas as mãos que governam o universo e medem toda a água do planeta estavam estendidas para mim.

Na época, eu estava fazendo pós-graduação em Psicopedagogia, e ao entrar na sala pelas manhãs, as crises não me deixavam concluir a aula e eu tive que trancar o curso. Me tornei totalmente dependente de remédios e de médicos. Todos os sonhos para uma carreira profissional de sucesso se encerraram ali. Fui ficando cada dia mais triste e indisposta. Não queria fazer mais nada. Minha memória foi atingida devido à medicação. Então me vi no fim do poço da doença!

Eu já havia gastado tudo o que eu tinha. Tempo, energia, paciência, alegria. Estava tão cansada! Cada dia uma dor, um medo. Passei pelas mãos de vários médicos até chegar nas mãos do médico dos médicos, **pois não há abismo mais profundo que o amor de Deus não seja mais profundo ainda.**

Foi quando eu ouvi falar a respeito de tudo que Cristo fez e ainda estava fazendo. No meio de tantas aflições, a chama da esperança foi acesa e meu coração queimou de desejo de ir até Ele. Eu ouvi que Ele tinha restaurado casamentos, curado enfermidades, refeito alianças, que havia trazido vida onde a morte chegou e derramado provisão onde era só escassez. De tanto ouvir falar das suas maravilhas, que acreditei que era possível ser curada também. Sem outra intenção eu fui até Ele.

A princípio, eu só queria tocá-lo, ser curada e partir. Em nenhum momento pensei em ficar. Mas algo lindo e precioso aconteceu quando me apresentei diante d'Ele. Ele parou tudo o que estava fazendo para me ver e me ouvir. Sabe a história da mulher do fluxo de sangue? Minha história se entrelaçou a dela. Como se Ele também estivesse dizendo: "Quem me tocou?". Como se no meio da multidão de quase 8 bilhões de pessoas no mundo só existisse nós dois. Eu o toquei com toda a fé que eu consegui reunir dentro de mim. Bem menor que um grão de mostarda, confesso. Mas mesmo assim, Ele se compadeceu de mim, me chamou pelo nome, e disse: "Que bom que deu tempo! Ah, Mulher! Ainda há tempo para recomeçar! Há vida onde você acredita que não há mais vida!"

Ele me abraçou como nunca eu havia sido abraçada antes. Eu me senti tão amada, tão acolhida, tão especial, que só quis ficar ali, dentro daquele abraço. Por um momento esqueci o que eu tinha ido buscar. Tudo ficou pequeno perto d'Ele, que com uma voz mansa e humilde, em um sussurro suave, me chamou de filha e disse que me amava. Senti a cura descendo em minhas emoções como se uma botija de azeite tivesse sido aberta sobre a minha ferida. Aquele "filha" revelou muitas raízes de complexos, rejeição, medo, vergonha, culpa e veio como um rio de amor e perdão sobre minha dor. (Jesus nos chama de filha porque as curas e milagres nunca foram a sua principal missão. Ele veio para nos resgatar, restaurar a nossa identidade e nos conduzir até o Pai.)

Algo novo estava acontecendo ali! Aquela dor foi ficando tão pequena quando Ele me apresentou a sua cruz. Uma cruz de entrega, de amor, de sangue, de perdão, de salvação, uma cruz de novos começos! A graça que escorria dessa cruz alcançou a minha vida e eu pude enxergar o sorriso de Cristo através das minhas lágrimas de tristeza. Muitas coisas que eu não entendia foram fazendo sentido. Nas muitas salas de espera que eu estive, fui construída na dependência, na paciência, na esperança, na fé, na compaixão e no amor ao próximo. **Eu aprendi que coisas impossíveis não são realizadas por homens! Somente um Deus grandioso e poderoso é capaz de mudar diagnósticos, cativeiros e sentenças de morte.**

"Será que existe alguma coisa difícil para mim?". Jr 32:27

O meu diagnóstico era de remédio para a vida toda. Mas o médico dos médicos tinha a data para a última dose. Quando Ele disse: "Chega!", a tempestade se acalmou e eu pude contemplar o milagre de cura e restauração que estava ocorrendo nesta jornada.

A dor faz parte do processo de construção de Cristo em nós! Existe algo sendo construído na dor. É o processo que vai extrair de nós a unção. É vivendo os processos que Deus nos levará ao nosso propósito. Então eu passei a querer viver o que Deus tinha preparado para mim. Eu coloquei meu coração à disposição deste Pai, e disse a Ele que cumprisse a sua vontade!

Passaram-se mais 7 anos e a lapidação continuou, e doeu bastante. Deus queria entregar o meu propósito, mas minhas mãos estavam ocupadas demais com sonhos, projetos, propostas e pessoas. **O óleo de cura procura corações rendidos ao propósito, porque quando ele chega, vem junto uma bacia e uma toalha! Eu precisava aprender a lavar os pés do meu próximo.** Precisava diminuir para que Deus pudesse crescer em mim. Eu precisava ser construída sobre a rocha, pois a cada tempestade eu desmoronava, por não ter raízes profundas. E como tudo o que Deus faz começa pelos fundamentos, os primeiros tijolos foram assentados no secreto. **Sabe, mulher, profetas são levantados em desertos, nunca em plataformas!** Então, assim como Maria aos pés de Jesus, eu me rendi. Passava horas estudando as Escrituras, meditando na palavra (que se tornou alvo do meu amor), sendo ministrada pelos amigos mais avançados na fé, e me matriculei em um curso de teologia.

O Pai estava me tirando da superficialidade de um relacionamento que começou por interesse para um nível mais profundo, onde sua graça me abraçava e me bastava. Ele passou a medir minhas águas todos os dias. Um dia, uma pessoa me disse: "Enquanto você via uma mulher amarrada em uma cama, Deus via uma pastora restaurando o altar de muitas mulheres". Meu coração ardeu com aquelas palavras que tocaram como sino e fizeram todo sentido. Não tinha como ela saber que nas minhas muitas idas ao hospital, em crise, numa delas fui amarrada em uma cama para receber a medicação. Somente Deus pode fazer algo tão grande com tão pouco! Era meus 5 pães e 2 peixinhos sendo multiplicados.

Quando eu disse a Ele: "Eis-me aqui, envia me a mim", Ele me entregou a chave para meu recomeço. Tinha muitas portas da vontade d'Ele para serem abertas. Agora eu estava com a chave celestial que abre propósitos! Quando Ele lhe der uma porta, também lhe dará uma chave. **Portas de propósito não são feitas para serem arrombadas. Elas existem para serem abertas com chaves de autorização.**

Eu me deixei curar pelo propósito. Fui obediente no processo. Ouvi a voz dos meus pastores e da liderança da minha igreja. Muitas pessoas foram ferramentas preciosas de Deus para o meu recomeço e a principal delas, foi meu marido, que me ama como Cristo amou a igreja e não mede esforços para que eu viva os sonhos de Deus. Então peguei a chave e abri a porta! Atrás dela tinha uma consagração à pastora e um ministério lindo de mulheres me esperando.

O processo fere, mas o propósito cura!

Me lembrei da mulher de Deus. Havia uma promessa repousada sobre o meu coração e eu nunca me esqueci dela, porque as promessas de Deus não morrem. Na época, não sabia como ela iria se cumprir, então as guardei no coração. Como palavras de Deus são decretos, eis-me aqui!

Hoje estou escrevendo este capítulo em um livro que fala que ainda há tempo para recomeçar. A minha jornada de cura e restauração está tocando a vida de mulheres espalhadas pelo mundo. O propósito alcançou as nações. Minha dor se tornou uma pérola. Uma pérola de cura para outras pessoas.

Pérolas são pessoas curadas que escolheram passar pela dor, gerando algo de muito valor.

O testemunho que carregamos são cicatrizes cheia de autoridade para ministrar a vida de todos aqueles que o Senhor quer alcançar através da nossa história.

Mulheres curadas curam! Mulheres restauradas restauram!

"Vejam, estou fazendo uma coisa nova! Ela já está surgindo! Vocês não a reconhecem? Até no deserto vou abrir um caminho e riachos no ermo".

Isaias 43.19

Ainda há tempo para começar! Viva o novo de Deus!

"

Coisas impossíveis não são realizadas por homens! Somente um Deus grandioso e poderoso é capaz de mudar diagnósticos, cativeiros e sentenças de morte.

Pra. Vanessa Reis

Victória Alves

Sou Victória Alves, tenho 26 anos, natural do Rio de Janeiro, sou casada com o amor da minha adolescência Luís Fernando, mãe de um casal lindo, Helena e José Fernando.

Sou maquiadora profissional e através da minha profissão elevo a autoestima das mulheres.

Sirvo na minha amada ADMRF (Assembleia de Deus Ministério Restaurando as Famílias) como obreira, juntamente com meu esposo, e faço parte da equipe do Restaurando Mulheres, liderado pela minha pastora Luciana de Oliveira.

victorialvesmaquiadora
victoriaaragaao@gmail.com
Victória Alves
+55 (21) 98286-2417

O KAIRÓS DE DEUS NO CRONOS DA NOSSA VIDA

31

Por Victória Alves

Falar de tempo para nós humanos é definir a duração de algum acontecimento. É saber que em toda nossa vida teremos passado, presente e futuro. Essa é definição do tempo para nós.

Tempo tem o poder de acelerar ou desacelerar certas ocasiões da nossas vidas. Por muitas vezes podemos nos encontrar atrasados em alguma aérea da nossa vida, ou adiantados em outra. Sabendo disso, podemos então entender que o tempo define se algo dá para ser concluído ou não. Se dá tempo de resolver alguma pendência ou precisa ser descartada e pular pra próxima etapa.

Escolhi esse tema sobre tempo, para contar sobre o meu tempo atual e como Deus agiu na minha vida profissional e me fez viver a plenitude do tempo d'Ele.

Sou caçula de três irmãos, filha de Rosenilda e Gesimar, morávamos num bairro da Zona Oeste do Rio de Janeiro. Tive um infância bem raiz, brinquei na rua com meu amigos, conversava até tarde na rua, brincava no quintal de casa com meu irmãos. Apesar das dificuldades financeiras que nós enfrentávamos, nunca faltou nada para nós, sempre que possível tínhamos o básico. Sempre tivemos ajuda das minhas tias paternas, Onélia e Miriam, que são referências para mim de cristãs e servas de Deus. Elas foram, sem dúvida, as responsáveis por quem eu sou hoje em Cristo. Nos apresentou Jesus de uma forma lúdica e bondosa, no qual sempre soube quem era Ele e que Ele era meu Salvador.

Aceitei Jesus com 7 anos em um escola bíblica de férias, mas me converti mesmo aos 12 anos, quando comecei a frequentar uma igreja

Assembleia de Deus juntamente com a minha mãe, após um convite que uma amiga dela na época fez. Era uma igreja pequena, de cadeira de plásticos, toda verdinha. Começamos a frequentar, o Pastor dessa igreja sempre muito carismático e alegre, falava conosco nos finais de culto, sempre muito feliz.

Aos poucos, minha mãe se firmou e eu fui fazendo amizades nessa igreja. Comecei a participar do grupo jovem, a cantar... e dia 29 de agosto de 2010 eu me batizei. Ali, nesse meio, conheci meu esposo, Luís Fernando. Deus me presenteou com alguém que conseguiu transmitir o amor d'Ele através da chegada desse rapaz na minha vida. Jovem músico e levita, chegou na minha vida reafirmando que eu poderia ser amada por alguém tão bom. E desde cedo já falávamos sobre casamento. Na verdade, ele que começou com essa história de casar e eu só fui vivendo junto com ele todos os nossos sonhos. Crescemos juntos, amadurecemos, vivemos sempre ativos na obra.

Planejamos nosso casamento por longos anos e em 2018 casamos. Foi um milagre, casamos em três meses, no salão dos meu sonhos, casa mobiliada e lua de mel. Ali foi Deus mostrando que Ele é o dono do tempo e quando Ele quer, o tempo não O limita. Hoje eu e meu esposo continuamos congregando na mesma igreja dos meus 12 anos, minha amada ADMRF, com os mesmos pastores: Pr. Wagner de Oliveira e Pra. Luciana de Oliveira. Temos um casal de filhos, Helena e José Fernando, nossas heranças.

Meu pai sempre foi um incentivador sobre meus estudos. Ele sempre trazia a realidade de que nós precisávamos estudar, arrumar um bom emprego, mudar de vida, para ter uma estabilidade financeira. Desde criança ouvia isso e sabia que precisava fazer faculdade e escolher uma profissão que tivesse um retorno financeiro bom. Eu dizia que seria veterinária, cantora, apresentadora, tudo que podia imaginar. Sempre fui muito comunicativa e sabia que eu iria pra uma área que envolvesse se relacionar com pessoas.

Era uma menina sempre muito espalhafatosa, gostava de roupas rosa e tudo que envolvesse brilho. Sempre muito vaidosa, amava brincos grandes e chamativos, porém por conta do sobrepeso, tinha uma autoestima bem oscilante. Quando cheguei na adolescência, eu comecei a me apaixonar pela área da beleza, tudo que envolvesse maquiagem, cabelo, unha, tudo do universo feminino.

Comecei a ver muitos vídeos sobre maquiagem e acendeu em mim a vontade de ser maquiadora. Na época do Ensino Médio, todos já sabiam qual faculdade escolher e eu não tinha ao certo o que fazer, mas não queria escolher as opções que eram comum a todos. Nesse tempo, me inscrevi para alguns cursos gratuitos, tinham várias opções e uma delas era maquiador, mas não escolhi porque tinha ideia de que isso não era profissão e nem que remunerasse bem. Então consegui uma vaga pro curso gratuito de técnico de prótese dentária, uma área bem específica, foi 1 ano e meio de muito aprendizado. Esse mesmo prédio era um pólo do curso de maquiador, todas as vezes que eu passava pela porta, meus olhos brilhavam, mas eu entendia que não era pra mim.

Finalizei o curso, porém nunca exerci a função de protética, como disse, uma área muito fechada, não tinha muitas oportunidades. Comecei a trabalhar como recepcionista, os tempos passaram.. o sonho de trabalhar com a maquiagem foi se esfriando, mas eu sempre falando a respeito. Cheguei a maquiar algumas amigas de trabalho, consegui algumas clientes, mas nada muito sério. Fui mandada embora desse emprego e investi um pouco na maquiagem, mas logo iniciei em outro trabalho, pois o sonho de casar era mais alto.

Em julho de 2018, casei com muitos sonhos e projetos na bagagem, porém, em setembro do mesmo ano engravidei da minha Helena. Totalmente não planejada, ela chegou em um tempo de início da minha fase adulta e me trouxe muita maturidade e vontade de mudar de vida para proporcionar o melhor pra ela. Mas decidi dedicar meu tempo a ela e optei por não trabalhar. Vivi intensamente a maternidade. Pude ter essa escolha e escolhi pausar minha vida profissional pra cuidar dela. Mas sempre que via algo sobre maquiagem, meu coração ardia.

Nesse tempo, precisamos aumentar nossa renda, pois o salário do meu esposo só supria o básico, então decidi vender doces. Era pandemia e comecei a empreender na confeitaria. Aprendi, de um dia para o outro, a fazer bolos e docinhos; foi um tempo bom, porém muito desgastante, não me adaptava muito a rotina de uma confeitaria em casa e isso começou a me fazer mal, mas prossegui fazendo. Quando a Helena ficou maior, decidi que ia trabalhar fora pra obter mais estabilidade, ela já iria para creche e eu teria mais tempo pra organizar minha vida profissional, mas em janeiro de 2022, descobri que estava a espera do meu José Fernando.

Foi uma mistura de sentimentos, eu não queria parar minha vida novamente para cuidar dos filhos. Quando achei que já estava no tempo, veio a noticia da gestação. Foram três longos meses para aceitar a gestação e entender que eu não tinha mais o controle de nada, decidi confiar somente em Deus. Antes de sabermos o sexo, minha pastora Luciana foi usada para nós, dizendo que viria para nossa vida o sonhador, aquele que daria continuidade a nossa família. E veio mesmo: José nasceu, nosso sonhador, e com ele veio todas as bagagens dos meus sonhos adormecidos.

Meu José Fernando chega mudando tudo. Onde eu achei que seria minha pausa, ele veio acelerando tudo e trazendo sonhos antigos à tona. José é a alegria em pessoa, trouxe um novo tempo sobre mim. No tempo em que eu achei que não daria mais conta de nada com a chegada do segundo filho, mais responsabilidades e menos tempo, foi quando Deus começou a mudar minha rota.

Após a chegada do segundo filho, a demanda aumenta e cansaço também, com isso havia um desejo em meu coração de encerrar com a confeitaria. A minha autoestima já não existia mais. Por trabalhar com doces, eu vivia de touca e cabelo preso, não podia ter unhas grandes. Aos poucos fui perdendo a minha essência, pois eu sempre amei me arrumar e isso não existia mais.

Eu comecei a não senti mais prazer na confeitaria, algo me dizia que meu tempo já havia acabado. Deus começou a ministrar em mim que eu por muito tempo já havia feito o que era necessário e que já estava na hora de viver meu propósito. Não tinha coragem para tomar essa decisão, mas Deus usou uma profeta que me disse que eu precisava entregar o meu Isaque, e que ele iria prover. Demorou eu entender quem era meu Isaque - o que me custava - e que precisava confiar em Deus. Nesse mesmo tempo, meu esposo ficou desempregado, como eu ia encerrar uma carreira no meio da falta?

Foi quando Deus começou a enviar pessoas me incentivando a voltar para a maquiagem, sem eu pedir. De repente, a rota foi mudando. Nos seus piores dias, Deus te enviará pessoas com os mesmos propósitos dos céus, pra te fazer avançar e não desistir. Eu falava: "Deus, não tem como eu voltar para a maquiagem, já passou o meu tempo! Isso era um sonho de criança, não posso mais arriscar tudo e recomeçar, já tem tanta gente na minha frente... tenho outras prioridades...", o Espirito Santo me proporcionou a experiência mas marcante até hoje, era audível a voz que dizia: *"Como dizer para o Dono do Tempo que não há mais tempo para ele fazer?"*. Eu me calei, e me veio à memória a história de Sara.

Deus fez uma promessa a Abraão, que daria um filho dentro de um determinado tempo. Sara duvidou. Humanamente falando, é compreensível essa dúvida. Ela era avançada de idade. Biologicamente, era impossível ter um filho, muito menos sendo datado. O tempo e a biologia não estavam a favor de Sara, mas os Céus estavam. E isso era mais do que o suficiente. E no tempo determinado, ela teve Isaque, o seu "motivo de sorriso".

Encerrei a confeitaria e voltei para a maquiagem, e em curto espaço de tempo, já lancei meu curso de automaquiagem, minha loja de maquiagem *online* e sou co-autora de um livro. Com o retorno para a maquiagem, Deus mostrou meu propósito de vida. Resgatou minha feminilidade, me trouxe alegria de ser mulher. Hoje entendo que viver posicionada onde Ele quer, é ter a qualidade de vida que Ele oferece.

Enquanto eu estava grávida do José, em um oração no meu aniversário, recebi um palavra também da minha pastora, que dentro de um ano estaria ministrando para mulheres. E dentro desse tempo estou eu aqui, escrevendo um livro.

O Kairós de Deus no Cronos da nossa vida, é deixar que Deus controle tudo nas Suas mãos. É saber que no meio da impossibilidade ou das limitações, existe um Deus ilimitado e que não há impossível para Ele. Deus é Deus de recomeços. Sempre há tempo de recomeçar, em Deus.

"

Como dizer para o Dono do Tempo que não há mais tempo para Ele fazer?

Victória Alves